JN087991

いちばんやさしい

# 金融リスク管理

## 佐々木城夛
sasaki jota

近代セールス社

## はじめに

　何かにつけて、リスク管理が重要と言われています。それに異論のある人はいないでしょうし、現在では、わざわざ指摘や注意喚起をする必要のない常識と捉えてよいかもしれません。

　その一方で、リスク管理についての具体的な対応や実行などの段階に移ると、途端に混乱する人を見かける印象を受けます。中には、問題意識や専門知識に基づいて積極的に発言・発信する人もいますが、実際に理解している内容の中身や行動内容に、大きな違いがみられます。

　リスク自体に難解さや厄介さなどを感じる中で、それが理解を妨げているようにも感じます。リスクについてインターネットや文献などで掘り下げようと試みると、ほどなく英語などの横文字や数式が現れることが抵抗感につながることも少なくないようです。

　リスク自体はごくごくありふれたもので、それに関わらずに暮らすことはできません。例えば、法人が資金を投じて仕入れた商品や製品が売れずに負債を抱える可能性は、典型的な事業リスクです。逆に、見込み以上に売れて商品や製品が欠品状態に陥り、売上や利益を得られる機会を逸失する可能性も、事業リスクの１つに挙げられます。

　住宅の中古価格は変動し続けますので、個人が購入する場合には、資産リスクに否応なしに向き合うことになります。資産の価格に応じて固定資産税が変動するため、たとえ購入後に売買せずとも、影響は避けられません。大学生が、初めて講義を受け持つため情報の乏しい新人講師による授業を履修選択することも、一種のリスクの取得に当たります。

　技術革新や法制見直しのほか、個別の状況の変化があれば、それに伴ってリスクが変化することにも注意が必要です。つまるところ、公私を問わずリスクから完全に逃れることは難しく、どう付き合うのかを模

索せざるを得ません。業務の見直しの際にも、リスク管理と一体となった確認・実施が漏れなく求められるわけです。

　顧客ニーズは多様化し続けていますので、それに応じるには、今後も商品・サービスの広がりや深化が避けられません。この際に、知識の習得や顧客に対する説明はもちろんのこと、常に変化について把握したうえで、それに合わせた顧客対応を行いつつリスクに関して意識しておかなければならないのです。

　筆者自身は、金融実務の中でリスク管理に関わるようになり、リスクに関係するいろいろな会議や委員会にも出席・参加しました。管理手法は徐々に高度化していますが、本質的な課題については、時間が経過しても、それほど変化がないようにも感じています。

　リスク管理に向き合うには、一定の基本知識が不可欠です。その一方で、一部のリスクに特化した理論書・専門書や通信教育などが提供されているものの、金融実務上のリスク管理を幅広く体系化した教材や教育機会等は多くありません。預貯金の種類や金融法務などとは異なり「まずはこれを読んでから」というものがないため、リスク管理の専門委員に任命されたときに、何から手を付けてよいのか逡巡する人を見かけることも少なくありませんでした。

　このため本書は、「実務に耐えられる基本書」を目指しました。金融関係に就職・就業して日が浅い人でも理解しやすいようにできるだけ基本から、かつ表現は平易にまとめ、実務者のみならず大学などでリスクマネジメント・危機管理や金融論などを学習される人にも参照・理解できる内容を意識しました。

　金融実務上では、多くの種類や量のリスクを取ることが避けられず、管理に携わる中で専門知識の修得・更新が求められるため、本書はできるだけ広域な実務領域を取り扱いました。この一冊で基本事項をひと通り網羅することで、知識の基盤部分が習得できるようにしています。

構成は、理論的な体系を柱としながら代表的な設問を設定しており、それらに対する解説を通じて実務上の課題や留意点などを解説しています。順を追って読まなくても、必要あるいは関係する項目を参照すれば理解できるように、索引から逆引きできるようにもしました。

　インターネットに代表される情報・通信技術の飛躍的な伸展により、情報は「何とか集めて理解する」ものから「集めたものを（正しいものか・重要なものかを）選別する」ものに変化しました。そんな選別・検証過程で本書を利用いただければ、筆者としてとても幸せです。

　大学などで、コーポレート・ファイナンスや資産運用論・証券投資論などを学ぶ方にあっては、リスク面を補完するサブテキストにご活用いただけると思います。また、実務家にあっては、是非鞄に忍ばせて職場に持ち込んで、実務で紐解いていただきたく思います。

2021年11月

佐々木城夛

# 目次

## 第2章●市場リスク管理の仕組みを理解しよう

## 第3章●オペレーショナル・リスク管理の仕組みを理解しよう

## 第4章●リスク管理水準を高める有効な方法

# 序　章

# リスクは
# 難しくない!!

## Q01 そもそもリスクって何？　なじみが薄いんだけど…

**A** リスクは、「将来のいずれかの時点に損害を被る可能性や損害」のことです。例えばだれしも病気やケガにより、健康面や生活面で損害を被る可能性があります。

リスクは、法律などで定められたものではありません。ごく簡単に言えば、「ある時点から時間が経過した将来のいずれかの時点に損害を被る可能性、または将来に被る可能性がある損害（それ自体）」のことです。投資・運用の世界で言うリスクとは、不確実性を指すことから「数値が変動する可能性」を意味しますが、より一般的な意味でのリスクは、「将来に被る損害の可能性、または被る可能性のある損害」を指すと理解願います。

例えば、人間にはだれしも病気になったりケガをしたりする可能性があります。それによって、健康で文化的な生活を過ごせなくなることは、個人にとって大きな損害にほかなりません。すなわち、病気やケガの可能性は、個人の典型的なリスクと言えます。

また、病気やケガの程度は人によって異なりますが、加齢に伴って身体機能が低下すれば、感染症などの発症率や事故遭遇時の死亡率が高まります。それゆえに、一般的に若年者よりも高齢者のほうが、病気やケガのリスクが高いと認識されています。つまるところ、リスクは一定ではなく、変動するものなのです。

リスクはあくまで可能性であり、絶対的なものではありません。性質的に「ある／ない」あるいは「高い／低い」と捉えるべきものなのです。また、被る可能性のある損害という意味と定義すれば、程度を表すのに「大きい／小さい」を使うことが適切です。

## 図表1　個人の典型的なリスクである病気やケガ

## ■リスクの意味を理解して用語に慣れよう

　リスクにまつわる用語として、リスクを推定・連想することを一般的に「リスクを想定する」と言い、想定されるリスクのことを「想定リスク」または「潜在リスク」と言います。

　また、リスクがはっきりと現れることを「リスクが顕在化する」と言います。すなわち、病気になったりケガを負ったりすることは、個人にまつわるリスクの顕在化事象に当たります。

　リスクに関する用語は少しややこしいですが、使っているうちに慣れてきます。リスクに関する文書を読んだり意識的に声に出して発言したりして、早いうちにしっかりと意味を理解し、用語・用例を身につけるとよいでしょう。

# Q02 リスクには どんな種類があるの？

 リスクには、大きく分けて㋐外的要因によるもの、㋑内的要因によるもの、㋒内・外要因が連鎖して生じるものがあります。

　個人にとってのリスクには、前項の Q01 で挙げた病気やケガのリスクのほか、暴風雨・暴風雪・地震などの天災に遭遇したり、火災に巻き込まれたりする可能性が思い浮かぶことでしょう。勤務先の業況悪化に伴ってボーナスがカットされたり、リストラされたりする可能性や減収（額）なども挙げられます。

## 製造業では水害や震災などによる工場停止リスクも

　リスクは、個人だけでなく、事業者など法人にもあります。このうち、比較的分かりやすい外的要因によるリスクから説明します。

　農業であれば、天候悪化に伴う冷害や水害、野生動物による獣害などによって農作物の生育や収穫・出荷に支障を来す可能性が想定できることでしょう。

　実際に顕在化したリスクの１例に、2020年初頭から確認されている東アフリカ諸国などでのサバクトビバッタの大量発生による甚大な被害が挙げられます。すでに被害に遭った国や地域は、「害虫リスクが顕在化した」と言える一方で、2021年９月末現在、まだサバクトビバッタが襲来していないわが国は「潜在害虫リスクがある」状況にとどまっているわけです。

　製造業であれば、異常気象による水害や震災などを受けて工場が稼働を停止したり、サプライチェーンが滞ったりするリスクがあります。実

**図表2　農業をめぐる外的要因によるリスクの例**

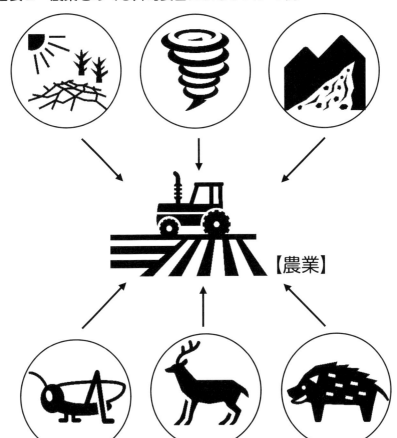

【農業】

際に、2011年にはタイで発生した大規模洪水により、ハイテク工業団地に生産拠点を構えた日系企業の生産設備が深刻な打撃を受けた惨状が大きく報じられました。生産停止を余儀なくされる中で、自動車などの部品の調達が大幅に遅れ、二次的な影響が全世界に及ぶ形になりました。これは、異常気象リスクの典型的な顕在化事象に当たります。

　もちろん、サービス業もリスクと無縁ではありません。航空・鉄道な

どの運輸事業者を例に挙げれば、台風や降雪などによって航行・運行停止や設備損壊などの影響を受ける可能性が想定できることでしょう。

## 人的エラーは農業・製造業・サービス業にもある

一方の内的要因によるリスクについては、ヒューマンリスク（人的リスク）が代表的です。人的リスクは、人によって発生するリスクであり、例えば人が携わる中で生じる誤り、いわゆる「ヒューマンエラー」が生じる可能性などが該当します。

農業であれば、農薬や肥料などの使用を誤ることによって損害が生じる可能性があります。例えば農薬の希釈倍率を誤ったことにより、農作物を弱らせたり枯れさせたりすることがあります。あるいは、農業者の死亡事故を含む深刻な健康被害をもたらすかもしれません。このような誤りによって損害を生む可能性が、いわゆる人的リスクです。

製造業での人的リスクには、製造ラインの清掃時に生じる異物混入などが挙げられます。食品製造会社で発生すれば、営業停止のほか経営破綻の直接的な契機となることも珍しくありません。

サービス業での１例としては、先に挙げた航空・鉄道などの運輸事業者の間で、操縦ミスにより事故に至る可能性が想定されるでしょう。

## 顕在化すれば損害が生じるため想定しておく

また、外的要因と内的要因が一体となって生じるリスクもあります。その代表的なものに、法律改正・制度変更などに伴う実務対応が求められるところ、その必要性に気づかなかったり、それを軽視したりする可能性などがあります。こうしたことにより、"しっぺ返し"と呼べるような損害を被るかもしれないのです。

2021年１月の育児・介護休業法施行規則改正により、労働者の権利として子の看護休暇・介護休暇を「時間」単位で取得できるようになった

## 図表３　要因別のリスクの分類イメージ

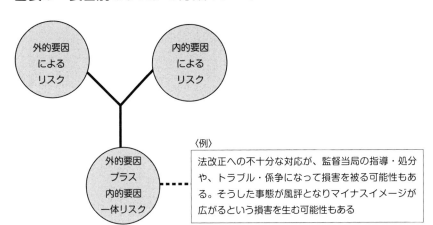

〈例〉

法改正への不十分な対応が、監督当局の指導・処分や、トラブル・係争になって損害を被る可能性もある。そうした事態が風評となりマイナスイメージが広がるという損害を生む可能性もある

ことを例に説明します。責任者である総務部長がこの改正を知らなかったり、従業員から申し出があるはずがないと高をくくっていたりすることもあるかもしれません。

　こうした不十分な対応がなされたために、労働基準監督署から指導を受ける事態のほか、従業員から係争に持ち込まれる事態などが想定されます。また、そうした事態が風評となりマイナスイメージが広がるという損害を生む可能性も見込まれます。

　以上のように、リスクは外的要因によるリスク、内的要因によるリスク、内・外要因が連鎖することで生じるリスクに分類することができます。

　どのようなリスクであっても、顕在化すれば損害が生じるわけですから、個人も法人もどのようなリスクがあるのかを先んじて想定しておくことが重要です。

# Q03 リスクは 管理できるの？

**A** リスクの顕在化による損害はできるだけ避けたいものです。よって、リスク顕在化時の損害を見積もり、調整策を検討・実施します。こうした対応がリスク管理です。

時間の経過に伴って生じる変化の確率と等しいため、リスクをすべてきれいに排除することは事実上不可能です。その一方で、人が生きていくうえでも法人の事業を継続していくうえでも、できる限り損害は避けたいものです。このため、存在するリスクを低減させる工夫が必要になります。

例えば、風邪やインフルエンザなどのリスクを減らすために、マスクの着用や帰宅後すぐの手洗い・うがいの実施などがなされています。また、交通事故のリスクを減らすために、信号機・往来状況の慎重な確認や道路交通法の遵守がなされています。さらには、災害を受ける可能性を減らすため、天気予報の注視や火の元の確認などが行われていることでしょう。

以上のような施策は、病気やケガ、災害などのほか、それらに伴う損害を被る可能性を減らすための手段にほかなりません。これらをリスクの観点で言い換えると、「（潜在）リスクを顕在化させないための防止・抑止策」に当たります。こうした防止・抑止策は一般的に「リスク調整策」と言われ、そうした行動や行為の実践を「リスクを調整する」と言います。

## リスクを調整しなければ顕在化の可能性は高くなる

別の例で説明すると、肥満で血糖値が高い状態でありながら暴飲暴食

を続けると、より重篤な生活習慣病にかかるリスクが高くなります。そのことを知りつつも、特段何もせずに同じようなことを続けていれば、罹患リスクを調整していないことになります。逆に、医師の指導の下で食事や運動により体質改善を図ることは、生活習慣病にかかるリスクを調整していると言えます。このように、リスクを調整しなければ顕在化する可能性は高くなり、リスクを調整すれば顕在化する可能性は低下します。

　しかしながら、環境や状態は人の数だけ異なるため、たとえ暴飲暴食を続けて肥満のままでいても、生活習慣病が発症しないこともあります。場合によっては、平均寿命を大きく上回って大往生する人もいます。逆に、生活を改めて肥満を改善したものの、生活習慣病を防ぐことができず、相対的に短い生涯を終える人もいます。こうしたことがあるのも、不確実性のあるリスクが存在するゆえんです。

　もっとも、実施可能な調整策に限界はあります。調整には、手間も費用もかかるためです。個人も法人もそれぞれの体力や資金力などに違いがありますから、実施できるリスク調整策は異ならざるを得ません。

　したがって、想定でき得るリスクを列挙して、それぞれの損害の内容・性質や大きさ、損害発生の頻度などを見積もり、調整策を検討することが重要になります。取り得る調整策を抽出したうえで、調整策の優先順位をつけて現実的に取り得る調整策を実施することが幅広く行われています。こうした対応を行うことを「リスクを管理する」と言い、この分野を「リスク管理」とか「リスクマネジメント」と呼ぶことが一般的です。

　リスク管理の物差しとして、リスクの顕在化時に被る損害金額などの数値が用いられます。本書でも順次説明しますが、損害金額の試算の後、リスク調整がなされる中で損害金額がどう変動するのかも試算されます。

# Q 04 金融機関の事業とリスクの関係はどうなっているの？

**A** 銀行などの金融機関は、中核事業である間接金融において、資金余剰者・資金不足者双方のリスクを引き受けてプレミアムを提供し、対価を得ています。

ここでは、事業を収益（収支）ベースで捉えてみます。

例えば農業という事業の実施目的は、できるだけ安い費用で良質な農産物を栽培し、収穫後にできるだけ高く販売して売上と費用の差益を得ることです。差益をより多く獲得するには、栽培技術の高さが重要です。言い換えれば、栽培技術の有無が競合先との差別化の源泉になるわけです。

製造業という事業の実施目的も、農業と同様に、できるだけ安い費用で良質な製品を生産し、完成後にできるだけ高く販売して売上と費用の差益を得ることです。差益をより多く獲得するには製造技術の高さが重要になり、製造技術の高さがが競合先との差別化の源泉になるわけです。

それでは、間接金融の担い手である金融機関の事業の実施目的は、どのようなことでしょうか。中核部分は、できるだけ安い費用で資金を調達し、それをできるだけ高い利回りで融資して（運用して）差益を得ることです。差益をより多く獲得するには、集客に寄与するブランドイメージや立地なども極めて重要です。しかしながら、競合先との差別化の源泉は、リスクの引受技術にほかなりません。

つまるところ、金融機関にとってのリスクの引受技術は、農業の栽培技術や製造業の製造技術に該当するものなのです。言い換えれば、リスクの引受けは金融機関の本業におけるキモと言えるものであり、それゆえに、技術水準を高めていかなければならないものなのです。

**図表4　資金余剰者から資金不足者への直接融資のイメージ**

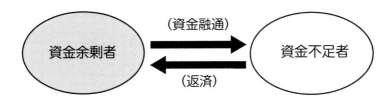

## 間接金融とは預金を原資に融資すること

　事業を別の切り口でもう少し掘り下げてみます。飲食業の代表的な役割が、自炊の代替であるように、飲食業を含むサービス業は、いずれも何かを代替する役割を主としています。そのことで対価を得ている業種とも言えます。飲食業と同じサービス業に属する金融業も、何かを代替して対価を得ているのです。

　それでは、銀行などの金融機関が機能提供している間接金融では、何を代替して対価を得ているのでしょうか。そもそも間接金融とは、第三者から集めた預金を原資に別の第三者に融資することで、信用創造を通じた経済発展に寄与する行為です。

　預金を行えるのは、手元資金に余裕がある者ですので、「資金余剰者」とします。一方、融資を受けるのは、手元資金に余裕がない者ですので、「資金不足者」とします。

　これら2者は、直接資金をやり取りすることで、相互の関係性が成立し目的を成就させることができます（**図表4**）。間接金融を選択せずとも、資金余剰者は資金不足者を探し出して直接融資をすればよく、資金不足者は資金余剰者が見つかれば直接借り入れればよいのです。

　そのほうが金融機関という仲介業者が間に入りませんので、資金余剰者にとっては、直接の融資によって預金の金利より良い利回り（高い金利）を得られる可能性があります。資金不足者にとっても、直接融資を受けられれば、金融機関の融資金利を下回る水準で借りることができる

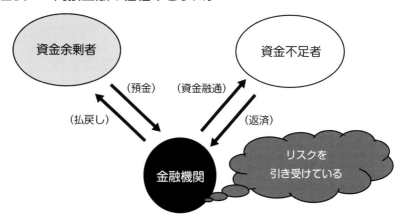

**図表5　間接金融の仕組みとリスク**

可能性があります。


## 資金余剰者・資金不足者のリスクをプレミアムにする

　一見すると、直接のやり取りは良いことずくめのようですが、リスクに着眼すると見方は変わります。

　資金余剰者には、容易に資金不足者を見つけ出せない可能性があります。融資ができても、資金不足者から約束どおりに返済を受けられない可能性のほか、回収に予想以上に手間がかかるという可能性もあります。また、資金不足者には、融資してくれる資金余剰者がすぐに見つけ出せない可能性があります。融資してくれる資金余剰者が見つかっても、必要なタイミングに必要な金額を借り入れられるとは限りません。

　資金余剰者と資金不足者との間で、金利などの条件が合意できるかどうかも不透明です。資金余剰者はできるだけ高い金利で融資して金利収入を得ようとしますし、資金不足者はできるだけ低い金利で借り入れて金利負担を軽くしようとします。前述した「預金より良い利回りを得られる可能性」や「融資金利を下回る水準で借りることができる可能性」は、いずれも可能性の域を出ません。相手のある取引ですので、希望と

**図表6　一般の商取引における関係者の介在**

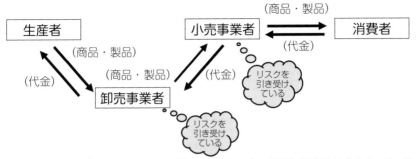

※エンドユーザー向けの商品・製品ではリスクの引受手が2者介在している

は裏腹に、そうならない可能性もあるのです。

　一方、直接ではなく金融機関を介在させる間接金融であれば、資金余剰者は、「金融機関に資金を預けるだけで融資する資金不足者を探したり返済に悩んだりすることなく資金の運用ができる」プレミアムが得られます。また、資金不足者は、「融資してくれる資金余剰者を探す労力なく、適時適量の融資が受けられる」といったプレミアムを得られます。

　こうしたプレミアムは、双方のリスクを減らす調整策と言い換えることができます（**図表5**）。すなわち、金融機関が行う間接金融という事業が、資金余剰者・資金不足者双方のリスクを引き受けているということです。

　つまるところ、金融機関は間接金融で何を代替して対価を得ているのかについては、リスクを引き受けて（代替して）対価を得ていることになります。

　こうしたリスクの引受手は金融取引以外もみられます。水産物などの卸売事業者（仲卸などと呼ばれる）と小売事業者（鮮魚店など）と、消費者や生産者の関係（**図表6**）を連想すると分かりやすいでしょう。

# Q05 なぜ金融機関に リスク管理が必要なの？

リスクの引受けには「信用」が必要であり、事業の伸展や安定的な継続のため、その水準を高めることが重要だからです。リスクの消し込みや調整でコントロールします。

　Q04で述べたように、金融機関は間接金融に携わることことで、資金の貸し借りに関わるリスクを引き受けており、その間接金融が本業であることから「リスクの引受け」が本業と言うことができます。

　こうした本業を継続的に営むには、そもそも資金余剰者・資金不足者双方に「金融機関を通じて間接金融を利用しても大丈夫」と信頼される必要があります。言い換えれば、「資金余剰者から見て、預金しても間違いなく付利されて払い戻される」「資金不足者から見て、所定の手順に則って手続きすれば（きちんとした審査を経て）資金をまず問題なく借りられる」等の信用を得ることが事業の核となるのです。

　そうした信用を裏づけとして、膨大な数の顧客と取引を行っている金融機関ですので、事業が行き詰まった末に及ぼす影響は甚大です。実際に、1998年の北海道拓殖銀行の経営破綻時には、同行から融資を受けていた事業者に連鎖倒産が発生しています。

　監督当局が、定期的に立入検査を行って金融機関の経営実態を把握・検証している事実は、こうした影響の甚大さを逆説的に証明しています。金融機関に対する検査は、金融機関が引き受けているリスクの大きさ（一般的にリスク量と呼ぶ。詳しくは後述する）やそのリスクを管理している水準を検証することを主目的に実施されます。近年廃止された金融検査マニュアルには、検査対象先金融機関のリスク管理実態や水準を把握するための着眼点が記載されていました。

**図表7　資金余剰・資金不足者の信用が不可欠**

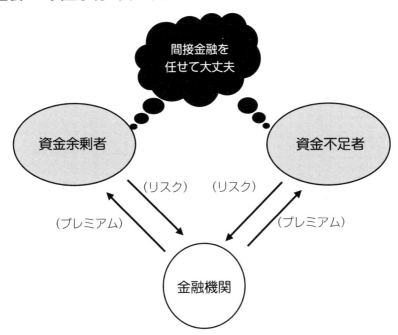

　預金保険機構の設立・運営目的も、金融機関がリスクの取得・調整を誤って経営破綻する可能性があることに鑑みて、万が一破綻した場合の社会経済に与える負の影響を緩和することにあります。

　不特定多数から預金を受け入れることに伴う影響が考慮されて、今もって金融機関の事業免許取得には高いハードルがあります。1つの金融機関の破綻が、恐慌などをもたらしかねないからです。

　ちなみに、預金を取り扱わない貸金業者は、融資だけを取り扱うために「ノンバンク」と呼ばれます。預金を受け入れないがゆえに、相対的にハードルの低い登録制となっています。これは、リスクの観点から、ノンバンクには預金を受け入れることに伴うリスクがなく、不特定多数の資金余剰者からの預金がなく経営破綻時の影響も限定的なためと考えられます。

**図表8　リスクのコントロールの仕方**

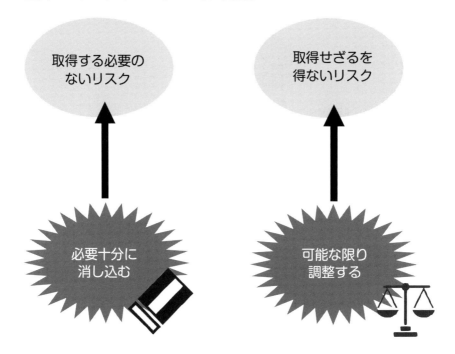

## リスク管理を高度化し信頼や信用を得る

　間接金融に伴うリスク引受けは金融機関の本業の柱ですから、リスク引受けの水準を高めることが、事業の伸展や安定的な継続にとって大変重要になります。その一方で、金融機関の事業においてはそのほかのリスクがいくつも存在します。

　金融機関は事業に伴って様々なリスクの取得を余儀なくされますから、適切にリスクをコントロールすることが必要です。リスクコントロールでは、大きく分けて次の2つのアプローチを行います。

①取得する必要のないリスクは必要十分に消し込むこと

②取得せざるを得ないリスクは可能な限り調整すること

　①の対象となる「取得する必要のないリスク」には、例えば事務取扱

時に誤りが生じる可能性が該当します。①の実践策には、「研修などの教育訓練によって事務取扱水準を引き上げること＝事務取扱いを誤るリスクを引き下げること」などが挙げられます。

　②の対象となる「取得せざるを得ないリスク」には、先に挙げた間接金融の担い手として引き受けざるを得ないリスクが典型です。リスクの取得に伴い、例えば融資先の法人の業況を速やかに把握し、必要に応じて担保や保証の徴求をはじめとする保全策を実行するなどの調整策が②に該当します。

　資金余剰者・資金不足者双方の期待に応え、地域経済の発展に寄与するため、金融機関では上記①②の対応が永続的に求められます。

　もっとも、金融機関が取り扱う商品・サービスは、農業や製造業などが有形であるのとは異なり、無形です。このため、金融機関はどこも似たり寄ったりでもあり、預金・為替・融資という三大業務の機能は、ほかの金融機関で代替可能です。

　支店の立地や通帳のデザイン、インターネットバンキングの操作性や商品ラインナップなどは実感しやすい違いですが、現状では、どの金融機関でも中核部分の金利や手数料、取引条件などがほとんど変わりません。

　それゆえに、金融機関として生き残りを果たすためにも、リスク管理を高度化し、地域や顧客の信頼や信用を得続けることが大事なのです。組織全体でも行員・職員個々人にも、その自覚が求められると言えます。

# Q06 金融機関に関係するリスクには どんな種類があるの？

 リスク管理は、リスクの分類ごとの性質に合わせて行うことが有効です。一般的には、信用リスクと市場リスクとオペレーショナル・リスクの３分類で管理されます。

　本章のQ01の冒頭で述べたように、リスクは法律などで定められたものではありません。そもそも規定されていないものですので、基本的な枠組みがあるわけでもありません。また、絶対的なものではなく、あくまでも可能性です。

　もっと言えば、将来のいずれかの時点で損害を被る可能性ですから、不確実なことばかりと言えます。金融機関にかかるリスクを想定するにしても、あらゆることが考えられるため、キリがありません。

　金融機関に関係するリスクにも、Q02で述べたように、外的要因によるリスク、内的要因によるリスク、内・外要因が連鎖することで生じるリスクがあります。外的要因によるリスクの例としては、競合金融機関による攻勢のリスク、内的要因によるリスクには事務ミスによるリスク、内・外要因が連鎖することで生じるリスクには法改正への対応に伴うリスクなどが想定できます。

## 最も簡便な３分類で管理することが一般的

　ただし、実際のリスク管理では、すべてのリスクに対応できるはずはありません。このため実務上では、リスクを体系化して分類し、分類ごとの性質に合わせて態勢整備や調整策の実施をすることが合理的です。金融機関の経営資源の「ヒト・モノ・カネ」は限られていることから、最も簡便な分類である次の３種類で管理されていることが一般的です。

## 図表9　金融機関として向き合うリスク分類

| 種類 | 関連業務 |
| --- | --- |
| 信用リスク | 与信業務 |
| 市場リスク | 市場取引業務 |
| オペレーショナル・リスク | 事務取扱全般 |

①信用リスク

②市場リスク

③オペレーショナル・リスク

　おのおののリスクに関連が深い代表的な業務を図表9に挙げました。左の「種類」欄から右の「関連業務」欄を参照する順序で関連性を理解するとよいでしょう。例えば、信用リスクに関連する業務として代表的なものに、与信業務が挙げられるという位置づけです。

　ややこしいのですが、右の「関連業務」欄から左の「種類」欄に参照する順序では、必ずしも正しくありません。融資や債務保証などの与信業務は、実行に伴って貸倒れほか信用リスクを取得します。その意味では与信業務には信用リスクが伴うと言えるのですが、後述するように金利条件などによって市場リスクが顕在化する可能性もあります。

　また、融資・債務保証の実行や回収時にも、それらを裏づける事務処理を実行する際にもたらされるオペレーショナル・リスクがあります。このオペレーショナル・リスクが顕在化する可能性もあります。

　これら3つのリスクの詳細につきましては、以降で詳細に説明しますが、各業務に内包されるリスクは必ずしも単一ではなく、複数にわたっていることがほとんどであると理解願います。

# Q07 信用リスクって何？ なぜ取得するの？

　信用リスクは、融資などの与信業務に関係するリスクです。与信業務は、法令で規定されており、収益上でも必要なものであるため、信用リスクの取得は避けられません。

　信用リスクは、前項のQ06で記載したように与信業務に関係するリスクです。与信業務とは、融資や割引手形、支払承諾などで取引先に信用を与える業務のことです。「信用を与えること＝相手を信用すること」を踏まえて行われる業務と言えます。

　すなわち、信用リスクは資金不足者を信用して融資などを実行した結果、契約どおりに返済を受けられずに損害を被る可能性と言えます。俗に言う「資金が焦げ付いて回収できなくなる」状況が、典型事象です。直接の融資のほか、第三者の融資などに保証する債務保証などでも、信用リスクが生じることになります。

　このため、融資などの与信業務により、何も自ら進んでリスクを取得する必要はないと思うかもしれません。しかしながら、ⓐ法令上とⓑ収益上という２つの理由で、取得は避けられません。

## 信用リスクを引き受けることで対価を得る

　預金・融資（貸付け）・為替は銀行などの金融機関の「三大業務」と言われるのを聞いたことがあると思います。どうしてこう言われるのでしょうか。

　その答えは、銀行などの金融機関について規定する根拠法にあります。銀行法には、図表10の下線部分で三大業務が記載されています。要は「預金と融資を併せ行う」ことが法定されているわけで、どちらか

**図表10　金融業務の根拠法** [銀行法（昭和五十六年法律第五十九号）抜粋]

---

［定義］

第二条　この法律において「銀行」とは、第四条第一項の内閣総理大臣の
免許を受けて銀行業を営む者をいう。

2　この法律において「銀行業」とは、次に掲げる行為のいずれかを行う
　営業をいう。

一　預金または定期積金の受入れと資金の貸付けまたは手形の割引とを
　併せ行うこと。

二　為替取引を行うこと。

---

だけを選択することはできないのです。したがって、銀行などの金融機
関として存在して営業する限り、信用リスクから逃れることはできない
のです。これが⒜の理由になります。

　また、本章のQ04で述べたように、金融機関の事業の実施目的の中核
部分は、できるだけ安い費用で資金を調達し、それをできるだけ高い利
回りで融資して（運用して）差益を得ることです。「できるだけ高い利
回りで融資する」と言っても、それを実現するには相応の見返りを用意
しなければなりません。それこそが、損害の可能性の引受けであり、信
用リスクなのです。

　金融機関は信用リスクを引き受けるからこそ、融資によって得られる
利回りから調達にかかる費用を差し引いた差益も得られるのです。この
差益は、一般的に「リスク・プレミアム」と呼ばれます。

　つまるところ、中核業務である間接金融を通じた収益は、信用リスク
を引き受けることの対価であり、信用リスクを負担しなければ得られな
いものなのです。

　それゆえに、上手に信用リスクを調整しながら信用リスクを取得・保
持する必要があり、これが金融機関経営の要にもなります。このような
ことが⒝の理由です。

# Q08 市場リスクって何？ なぜ発生するの？

 市場リスクでは、金利リスクと為替リスクと株価変動リスクが主に注視されます。これらは、一般的に間接金融や外為取引、投資運用によって発生します。

　市場リスクは、市場取引業務に関係するリスクであり、市場参加者の需給に応じて変動する相場の動向によって損害を被る可能性のことです。市場取引業務とは、金融市場への参加に伴う業務のことで、「預金などによる調達−融資などの運用」による差額などから取引がなされます。この差額を余裕資金と呼ぶことがあり、それゆえに余裕資金運用（余資運用）業務と呼ばれることもあります。

　金融機関の投資単位は相対的に大きく、その分だけ金融機関の動向が市場に与える影響も大きいのが実情です。金融機関は、保険会社・証券会社・年金・共済・政府系金融機関などとともに、典型的な機関投資家の1つに数えられます。

　わが国の主な金融市場は、期間が1年未満の短期金融市場と1年以上の長期金融市場（または証券市場や資本市場）に分けられます。前者には、金融機関が相互にやり取りするインターバンク市場（コール・手形市場など）と、金融機関以外も参加可能なオープン市場（債券現先・CD・CP・TB・FB市場など）があります。また、後者には、株式市場（発行・流通市場）と債券市場（発行・流通市場）があります。そのほか、デリバティブ市場もあります。

　これらの市場取引に参加するにあたり、金融機関では、**図表11**に記載した3種類の市場リスクを主に注視しています。以下で、それぞれを詳しく解説します。

**図表11　主な市場リスク**

| 種類 | 関連業務 |
|---|---|
| 金利リスク | 金利変動に伴うリスク |
| 為替リスク | 外国為替相場変動に伴うリスク |
| 株価変動リスク | 株式相場変動に伴うリスク |

①金利リスク

　1970年代以降に金利が順次自由化されてから、現在の金融機関で取り扱う預金や融資に適用される金利は、市場金利に連動しています。このため、預金・融資の期間に応じた需給バランスが市場実勢に直接的に反映されるようになっています。言い換えれば、金融機関の事業は市場金利に左右される状況下にあるわけです。

　金利リスクの「市場金利が変動することによってもたらされる損害の可能性」と聞いても、ピンとこない人もいるかもしれません。ここでは、簡単なケースを2つ挙げて、やさしく説明します。

【ケース1】

　2021年4月1日に期間1年の定期預金を受け入れ、同日に期間5年の融資を実行したとします。両者の金額は同額で、金利はいずれも固定型です。預金の金利は年0.10％、融資の金利は0.25％であったため、当初の時点では融資と預金に0.15ポイントの金利差がありました。

　その後の金融市場の動向は、期間1年・期間5年ともに金利が年0.10％ずつ上昇し続けていきました。こうした動きの中で、資金余剰者は、定期預金の満期到来時に、当初と同様に期間1年で書換継続を4回実施しました。この結果、2023年4月からは、預金の金利が融資の金利を上回る“逆ざや”状態になりました（次ページの**図表12**）。

【ケース2】

　2021年4月1日に期間3年の定期預金を受け入れ、同日に期間1年の

## 図表 12　市場金利の上昇が収益に与える影響（例示）

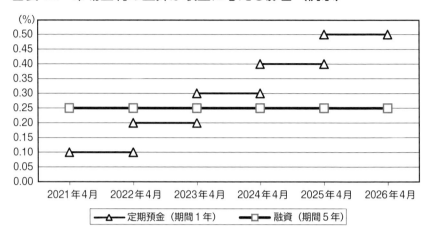

## 図表 13　市場金利の低下が収益に与える影響（例示）

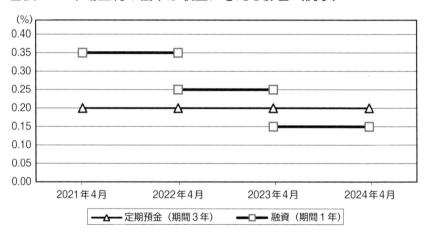

融資を実行したとします。両者の金額は同額で、金利はいずれも固定型です。預金の金利は年0.20％、融資の金利は年0.35％でした。

　その後の金融市場の動向は、期間1年・期間3年ともに金利が年0.10％ずつ低下し続けていきました。こうした動きの中で、資金不足者は、融資の返済期日に当初と同様の期間1年の融資を同額継続するよう

希望し、その希望が叶う形でそれから2回にわたって融資を受けました。この結果、2023年4月からは、預金の金利が融資の金利を上回る "逆ざや" 状態になりました（**図表13**）。

　これら2つのケースでは、ともに事務手続相違や返済延滞はありませんでした。しかしながら、いずれのケースでも、市場金利の変動だけで金融機関が損失を被る結果となりました。

　このような事象が起こる可能性が金利リスクにほかならないのですが、ケース1とケース2の金利の動きが逆になる、すなわちケース1では金利が下降し、ケース2では金利が上昇することもあります。その場合には、金融機関には損失ではなく、いずれも利益がもたらされます。信用リスクと同じように、金利リスクにもリスク・プレミアムがあるのです。

　つまるところ、金利リスクをなくせば損得もなくなる一方で、取得すれば損失を被ることも、逆に収益を得ることもあります。

　金融機関が間接金融を担う中では、こうした金利リスクに向き合うことが避けられません。そうした意味からも、リスク管理水準を引き上げる必要があります。

## ■ 為替リスクにはリスク・プレミアムがある

### ②為替リスク

　ごく簡単に言えば、外国為替相場の変動によって損害を被るリスクです。ここでも、理解しやすいように簡単な数値を設定したケースを挙げて説明します。

### 【ケース】

　2021年4月1日に期間1年の米ドル外貨定期預金を受け入れ、同日に期間1年の米ドル建て融資を実行したとします。双方の金額は同額の100ドル、金利は同一であり、交換レートは「1ドル＝100円」でした。

**図表14　為替相場の変動が収益に与える影響（例）**

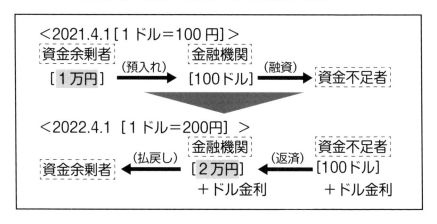

その後の円安の進行に伴い、期日の交換レートは「1ドル＝200円」となりました。この結果、外貨定期預金を日本円に交換して払い戻す際の元本分の金額は2万円になりました（**図表14**）。

　このケースでも、事務手続相違や返済延滞はありませんでした。それにもかかわらず、為替相場の変動だけで金融機関に損失がもたらされました。

　これが為替リスクの顕在化による影響なのですが、為替相場が逆に円高に変動すれば利益を得るわけですので、為替リスクにもリスク・プレミアムがあります。外国為替業務を取り扱っていなかったり、余裕資金を外貨で運用していなかったりする金融機関では、このリスクを取得していないことになります。

**③株価変動リスク**

　株価変動リスクは比較的簡単です。株式の購入・保有以降の株価変動に伴って損害を被るリスクで、上がれば利益（売却しない場合には含み益）、下がれば損失（売却しない場合には含み損）がもたらされます。株式だけでなく、株式を運用対象とした投資信託などに投資した場合にも、同様のリスクを取得したことになります。

# Q09 オペレーショナル・リスクって何？なぜ発生するの？

 金融機関によって分類の仕方が異なりますが、実務上、事務ミスやコンピュータ、法制変更にかかるリスクなどがオペレーショナル・リスクに該当します。

オペレーショナル・リスクとは、一般的に、事務ミスやシステム障害などで生じる損害の可能性のほか、従業員の不正や体制の不備などで手続きが滞ることによって生じる損害の可能性を意味します。信用リスク・市場リスク以外のリスクをすべてオペレーショナル・リスクに分類している金融機関と、事務・システム・法務リスクなどをある程度列挙して整理している金融機関があります。

## オペレーショナル・リスクは必要十分に消し込むリスク

金融実務上では、資金余剰者・資金不足者ほか取引相手からの依頼に正確に応諾するため、相応の事務処理が不可欠です。ただし、その際に事務処理を誤ることで損害を被る可能性があります。これが、典型的なオペレーショナル・リスク（事務リスク）に当たります。

また、サイバー攻撃によって障害がもたらされるなどのコンピュータを巡るリスクや、法制変更に伴うリスク、災害や外国の政変に巻き込まれるリスクもオペレーショナル・リスクに該当します。

信用リスクや市場リスクと異なり、オペレーショナル・リスクにリスク・プレミアムはありません。利益がもたらされる可能性がない以上、積極的に取得する必要のないリスクと言わざるを得ません。したがって、必要十分に消し込む対象となるリスクになります。

それゆえに、オペレーショナル・リスクの低減には、法令などの変更

**図表 15　オペレーショナル・リスクの低減の視点**

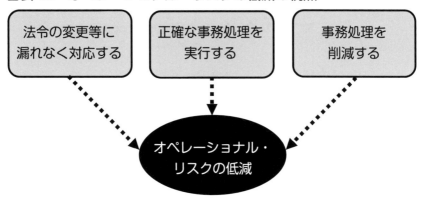

等に漏れなく対応し、正確な事務処理を実行する視点だけでなく、事務処理自体を削減する視点も求められます。

　金融機関の事務処理は、製造業における製造工程に近く、㋐各工程を漏れなく正確に対応するとともに、㋑エラー（＝オペレーショナル・リスク顕在化）をもたらさないようにするための調整が必要となります。

　㋐の工程の中には、行員・職員のみならず顧客に記入・提出を求める事務対応も多いため、顧客に簡潔・明瞭に要点を伝え、理解・納得してもらうことが必要となります。これらも含めた「事務処理」ですので、応対に先立った手続きの背景への理解が求められます。

　㋑の調整には、仕事の割り振りの見直しによる負担の平準化や"眼"を変えた確認・検証などが挙げられます。その前提は、行員・職員各自が対応可能な領域を広げることですが、顧客にインターネットバンキング・ATM・テレホンサービス・郵送等を活用してもらうことによる事務量削減も、大きな効果をもたらします。

　つまるところ、精神論だけでなく、事務量の削減と（機械投資などを含む）投入経営資源の増加を踏まえた調整が、リスク管理水準を高めると理解願います。

# Q10 コンプライアンス・リスクって何？どう管理するの？

**A** 「コンプライアンス＝法令等遵守」の枠組みよりも幅広く、企業体質・事業展開のほか、社会規範に反することでもたらされるリスクなどのことで、実態の検証が求められます。

1997年に発生した野村證券・第一勧業銀行総会屋利益供与事件は世間を震撼させ、全金融機関経営にコンプライアンス（法令等遵守）が不可欠であることを知らしめる契機となりました。

その後の当局検査で、コンプライアンスにまつわる実態が検証され続けたことなどもあり、現在、金融機関でコンプライアンスを軽視するところはありません。

その一方で、時間の経過とともに、コンプライアンス対応に伴う以下のような弊害がみられるようになってきました。

①効果に疑問符が付く事務対応などが膨大な量に膨れ上がることでほかの業務に支障を来す事態（監督当局は「コンプラ疲れ」と表現）

②個別の事件や事故などの捕捉・摘発とその事後対応に過度に偏重した経営資源配分

③本来の意味とは乖離した「コンプライアンス部門や担当者の業務に協力するためのコンプライアンスの実施（手段の目的化）」とそれに伴う人心の離反

①～③のような弊害は、コンプライアンスを「やっているつもり」や「やった気分」をもたらすことが悪質です。実際には根源的な課題解決につながらず、いたずらに経営資源を割く分だけほかの業務にも負荷を

もたらします。こうしたことが積み重なれば、回り回って最終的に顧客へのサービス水準を引き下げることになります。

## 現行法を遵守しても不測のリスクがある

　コンプライアンス・リスクは、企業体質などに内在していることが少なくありません。「獲得実績がすべてで顧客や社会のこと・きれいごとなど言ってはいられない」「法律には違反していない」など、短絡的・近視眼的な思考が、不正などの温床となることが典型例です。事件や事故などの発生後にも、根本的な体質が変わらない中で、当事者や手口などを変えて同様の事象が断続的に発生する金融機関もみられます。こうしたことが、体質に根差したコンプライアンス・リスクの顕在化事象に挙げられます。

　これらの背景に、企業体質が事業予算（事業計画）などに色濃く投影され続ける実態が認められる金融機関も珍しくありません。例えば、実態経済や地域の実情などと乖離した厳しい目標を営業店や行員・職員などに課し、進捗管理によって達成を促す仕組みがあるようなケースです。こうした施策を取り続ける中で、コンプライアンス・チェックリストや社内稟議が形骸化する事象もままみられます。「ルールに示された手続きは漏れなく実施している」「内部ルールには反していない」など、形ばかりを充足させる事態が典型的です。

　別の視点では、金融機関を取り巻く環境も加速度的に変化し続けており、それに伴ってリスク管理手法も高度化せざるを得ない一面が認められます。インターネットは金融サービスを飛躍的に便利にしましたが、同時に、サイバーテロなど極めて厄介な弊害をもたらしました。

　現実が先行する中で大事故や犯罪などがもたらされ、それを後追いする中で立法がなされる一面も認められます。例えば、昨今の新型コロナウイルス感染症の感染拡大に伴い、金融機関でもリモートワークなどを

### 図表16　コンプライアンス・リスク管理基本方針の概要

---

**●コンプライアンス・リスク管理の高度化の必要性**
1. 従来の取組み
2. 環境の急速な変化および金融機関の活動の国際化
3. 経営に重大な影響をもたらす不祥事の発生

**●金融機関における管理態勢**
1. 経営・ガバナンスに関する着眼点
2. リスクベースの発想への視野拡大に関する着眼点

**●当局による検査・監督**
1. 検査・監督の基本的進め方
2. 検査・監督に当たっての留意点

---

試行・実施せざるを得なくなりましたが、実施に伴う影響に鑑みてリスク管理水準を高度化する必要があります。

　こうした例に代表されるように世の中は動き続けますので、たとえ現行法をすべて遵守していても「それだから問題ない」「大丈夫だ」とは言い切れず、不測の損害を被るリスクがあるのです。

## 本質的な考察・洞察でリスクを深く捉える

　監督当局も、金融機関のコンプライアンス実態を検証する中で問題意識を深め、2018年10月には「コンプライアンス・リスク管理に関する検査・監督の考え方と進め方（コンプライアンス・リスク管理基本方針）」を公表しました（**図表16**）。その後、2019年6月には「コンプライアンス・リスク管理に関する傾向と課題」を公表しています。

　これらの公表目的は、いずれも金融機関との対話水準の向上にあります。前述した課題を監督当局も重要視しているため、紹介したほかの金融機関の先行事例を同じように導入しても、それだけをもってコンプライアンス・リスク管理態勢が構築・機能しているとは判断しないと改め

て釘を刺しています。あくまでも、地域・規模・提供サービスの中身などを踏まえ、個々の金融機関の実態に即したコンプライアンス・リスクの管理が求められるのです。

　金融実務は部門や担当を跨いだ協働が欠かせないため、どこかの部門やだれかだけがコンプライアンス・リスクを重視していても、それ以外が軽視していては漏れや緩みが生じます。監督当局も、その実態を注視しています。

　本来、コンプライアンス・リスクの管理は、監督当局に求められるから高度化を図るものではなく、株主・出資者や預金者をはじめとする幅広い利害関係人からの付託に応えるために行うものです。その一方で、事情をよく知る第三者の目線として、監督当局の意見を活用する効果は小さくありません。

　監督当局は、「管理部門と営業部門などの意識乖離」「経営陣と従業員の意識の乖離」「社会規範や地域の生き残りと金融機関経営の乖離」などを注視しています。結局のところ、地域社会に必要とされなければ金融機関として生き残ることはできず、それゆえに地域への支援を行いながら共生を図ることが必要になります。裏返せば、金融機関の対応が社会・経済に悪影響を及ぼすものであれば、市場からの退場が求められることにもなるのです。

　金融機関のコンプライアンス・リスクを考えるうえでは、そのような本質的な考察・洞察をもってリスクをより深く捉える目線が求められます。実務上では、自行庫が公表するコンプライアンス・リスク管理にまつわる基本ルールを参照し、具体的にみられているコンプライアンス・リスクについて考えることが一案となるでしょう。

# Q11 モデル・リスクって何？ どう管理すればいいの？

 金融機関経営に利活用される様々な試算モデルの中身に起因するリスクや試算モデルの運用によってもたらされるリスクなどのことで、これらの中身の検証が求められます。

　本章のQ07〜09でも触れたように、金融機関は、間接金融機能の提供に伴って様々なリスクの取得を余儀なくされます。言い換えれば、金融機関経営の巧拙の中核部分は、リスク・コントロールにあります。

　実務上では、主要なリスクが顕在化する可能性を踏まえて将来の動向をシナリオ化し、様々な試算を行っています。代表的なシナリオは、大口融資が回収不能になったり、金利や外国為替相場が大きく変動したり、事件や事故などを引き起こしたりした場合などです。

　また、市場動向によって価格（価額）が大きく変動する複雑な仕組みの金融商品などについて、月末ごとに現在価値（時価）を算出・評価することで、資産の洗替えも行っています。さらに、大手金融機関の中には、融資判断をAI（人工知能）によって代替する動きなどもみられ始めているようです。

　こうした際に用いられるのは、いずれもコンピュータ・システム上に構築された数理モデル（以下、モデル）です。便利で有益とだけ認識するのではなく、モデル使用に伴って新たなリスク取得を余儀なくされます。それがモデル・リスクです。

　モデル・リスクの中身をごく簡単に言えば、ⓐ試算などの根拠（ロジック）が不十分であること、ⓑ適切な利活用がなされないことの2点です。

## リーマンショックの端緒はモデル・リスク

　@について詳しくみると、従来は適切であったところ、環境変化によってモデルが陳腐化するリスクも包含されます。

　2007年のアメリカでは、住宅市場が長期にわたって上昇し続けた後に急落する局面がみられました。市場が拡大した理由は、過大な信用供与（すなわち住宅ローンなどの実行）であり、その背景には、多くの金融機関などで不十分な時価評価モデルが幅広く利用されていた実態が認められました。

　当時、アメリカでは、住宅ローンなどを実行した後にその債券を証券化し、投資家に販売するスキームが幅広く活用されていました。また、一般向けの住宅ローンだけでなく、低所得など相対的に低い信用度の層を対象としたサブプライムローン（プライムローン＋上乗せ金利の商品）も幅広く提供されていたのです。

　このような住宅ローン債権を組み込んだ証券化商品の評価にあたり、格付機関・金融機関・証券会社など多くの市場関係者の間で比較的簡便な評価モデルが使用されていました。こうした評価モデルについては、その後の検証で、異なる債務者の信用リスクが同時かつ急激に顕在化する可能性が十分考慮・反映されなかったことが判明しています。

　この結果、証券化商品の格付に対する利回りが魅力的に映る効果が浮き彫りになりました。特に、相対的に高金利のサブプライムローンを含む証券を求める投資家が増大したことが、過大な信用供与をもたらしたと捉えられています。

　その後の住宅バブルの崩壊に伴って、プライムローン・サブプライムローンのみならずカードローン関連の債権など、多くの資産価格が暴落しました。不十分な時価評価モデルにより算出された経済実態よりも高額な価格に基づいて証券化商品が取引され続け、価格急落の局面に遭遇したため、多くの金融機関が多額の損失計上を余儀なくされたのです。

## 図表17　モデル・リスク管理に関する原則（案）

**原則1－ガバナンス**：取締役会等および上級管理職は、モデル・リスクを包括的に管理するための強固なモデル・リスク管理態勢を構築すべきである。

**原則2－モデルの特定、モデル・インベントリー管理およびモデル格付**：金融機関は、管理すべきモデルを特定し、モデル・インベントリーに記録した上で、各モデルに対してリスク格付の付与を行うべきである。

**原則3－モデル開発**：金融機関は、適切なモデル開発プロセスを整備すべきである。モデル開発においては、モデル記述書を適切に作成し、モデル・テスト（開発時の点検）を実施すべきである。

**原則4－モデル承認**：金融機関は、モデル・ライフサイクルのステージ（モデルの使用開始時、重要な変更の発生時、再検証時等）に応じたモデルの内部承認プロセスを有するべきである。

**原則5－継続モニタリング**：モデルの使用開始後は、モデルが意図したとおりに機能していることを確認するために、1線によって継続的にモニタリングされるべきである。

**原則6－モデル検証**：2線が担う重要なけん制機能として、金融機関はモデルの独立検証を実施すべきである。独立検証には、モデルの正式な使用開始前の検証、重要な変更時の検証およびモデル使用開始後の再検証が含まれる。

**原則7－ベンダー・モデルと外部リソースの活用**：金融機関がベンダー・モデル等や外部リソースを活用する場合、それらのモデル等や外部リソースの活用に対して適切な統制を行うべきである。

**原則8－内部監査**：内部監査部門は、3線として、モデル・リスク管理態勢の全体的な有効性を評価すべきである。

そうした中で、2008年9月のリーマン・ブラザーズの破綻を含む金融機関の経営破綻がもたらされ、それを契機に世界規模の金融危機が連鎖発生しました。

わが国では、これら一連の事象をリーマンショックと呼んでいます

41

が、そもそもの端緒は@での試算などの根拠（ロジック）が不十分で
あったモデル・リスクと捉えることができるのです。

## ■ モデル・リスク管理に関する原則（案）の公表

　リーマンショックでも、2020年3月以降のコロナショックでも、過去
の実績に基づく予測が機能しませんでした。こうした実態が問題視さ
れ、2021年6月に金融庁から「モデル・リスク管理に関する原則（案）」
が公表されました（前ページの**図表17**）。これは、モデル・リスクが金
融システム全体に悪影響を及ぼす可能性について言及しているもので
す。

　この原則案では、主に大手金融機関を念頭に置き、モデル・リスク管
理にあたっての「3つの防衛線」という考え方が示されています。第1
の防衛線（1線）であるモデルのオーナー・開発者・使用者、第2の防
衛線（2線）である1線への牽制を通じてモデル・リスクを管理する部
門・個人、第3の防衛線（3線）である内部監査部門に分け、おのおの
に役割の発揮を求めるものです。マネー・ローンダリング対応の高度化
のために講じられた対応によく似た手法と言えます。

　併せて、モデル・リスク管理の高度化のカギは実効的な牽制の確保に
あることを述べ、モデル・ライフサイクルに沿った管理とリスクベー
ス・アプローチについて言及もしています。

　前者をごく簡単に言えば、難解ゆえに利用部門任せになりがちなモデ
ルについて、1線には他部門も理解できる内容開示、2線には取締役
会・理事会などへの報告など関与せざるを得ないスキーム、3線にはモ
デル・リスク管理態勢全体の有効性を求めたものです。

　また、後者については、ほかのリスクに接するのと同じようにリスク
量と経営資源を対比した効果的かつ実践的な対応を求めています。

## 第1章

# 信用リスク管理の仕組みを理解しよう

# Q 01 法人融資の実務と信用リスク管理はどう関わるの？

　融資の事務対応の一連の流れでは、常に信用リスクを意識して臨むことが必要です。特に、対象先との交渉時には、信用リスクをどう調整していくかが重要になります。

　法人向けの融資商品の事務対応の中核は、**図表1**のフローになります。業容や本支店の立地などが異なっても、実施する内容は基本的に同様の内訳になります。

　多くの金融機関が預貸率の低下に悩む実情が認められますので、近隣などの複数の金融機関が融資案件を奪い合うことは珍しくありません。このような状況下では、候補先を抽出し、競合金融機関に先がけて声をかける動機がもたらされます。これが(1)です。

　利ざやが低下する中で、営業店の人員が絞り込まれれば、融資案件の獲得時にも効率性が求められます。実務上では、行き当たりばったりや当てずっぽうに法人を訪問するのではなく、(2)で示した信用調査機関での一定以上の評点先を(1)の作業で優先抽出する「(2)と(1)一体の逆フロー」もみられます。

　この手法が一般化し、利用する信用調査機関が事実上限定されていることが、高評点先へのセールス集中をもたらす原因の1つになっています。同じ借手（資金不足者）に多数の貸手（金融機関）が競って群がれば、自ずと"借手市場"が形成され、借手側の発言力が強まります。

　その一方で、法人を設立せずに事業を行う個人事業主や、設立から日が浅い法人などのデータを信用調査機関側が保有していない実情も認められます。こうした場合には、(2)の過程を飛ばして(1)から(3)に直接的に移行することになります。

**図表1　法人向け融資の主な事務対応のフロー**

(1) 対象先を抽出・選定
↓
(2) 信用調査機関の情報を選別基準として活用
↓
(3) 決算書ほか定量データを参照し財務分析を実施
↓
(4) 代表者の資質・性格や潜在競争力など定性データを数値化し、(3)と併せて信用格付を実施
↓
(5) 与信対応が可能な場合に対象先と融資条件を交渉
↓
(6) 対象先と合意に至った場合に実行事務手続きを実施
↓
(7) 定量・定性データを把握・更新させ、信用格付および自己査定を実施
↓
(8) 格付別の連結対象与信残高等をも意識しつつ必要に応じ信用補完策を実施

## 信用格付の目的は信用リスクの精緻な計測にある

　(3)の過程で開示を依頼する付属明細表付き決算書（写）は、3期分を求める金融機関と4期分までのところがあります。依頼・把握目的は、各科目内訳推移に基づいた分析を行うためです。3期ならば2年間、4期ならば3年間の動きを捉えます。

　付属明細表を参照しても内訳が分からない該当箇所については、必要に応じて疎明資料の開示・提出を求め、詳細を聴取します。簡単に言えば、「信用リスク量＝融資額－担保・保証額」の関係で、融資額以上の信用リスクを取得するわけではありませんが、倒産などに至れば主要取引先などを連鎖倒産させかねません。

　誤解を怖れずに言えば、業況不振先が粉飾などを行って実態を隠していることは珍しくありません。そうした実情からも、内容が分からない

箇所はすべて把握してからでなければ融資は行えないことは、リスク管理上当然に求められると改めて認識願います。

　(4)では、技術力・商品開発力・販売力のほか、事業所の代表者の資質なども反映します。近年の法人向け融資で最も重視される要素に、事業性評価や融資の目利き力が挙げられますが、それらが投影される過程にほかなりません。そうした結果から導かれた値と財務分析値を合算して一定の枠内の数値ごとに分類したものが、信用格付（内部格付）です。

　信用格付は、相対的な債務償還能力を表す分析手法の1つです。個別金融機関ごとに独自に設定・運用されるもので、実施が法定されているわけではありません。

　このため、近年廃止された金融検査マニュアル（自己査定結果の正確性の検証）上でも、「信用格付が行われている場合には」等の仮定形態で記されています。よって、小規模な金融機関では、現在も信用格付を実施していないところがあります。

　信用格付の設定・運用目的は、信用リスクの精緻な計測にあり、融資実務上では、⑦法人単体と連結決算の対象となるその法人グループへの与信限度額の設定、①貸出金利に代表される貸出条件の決定、に先立ったガイドラインとして活用されます。(5)での条件交渉は、このガイドラインに基づいて行います。

　金融機関の融資権限は、融資種類ごとに職位別の金額が階段状に設定されています（**図表2**）。この権限もガイドラインに則って設定されるため、たとえ金額が枠内に収まっても、期間や金利などが基本的な条件形態（＝ガイドライン）の枠内でなければ、権限外になります。

　実務上では、条件がガイドラインからはみ出た場合、上位権限者に判断を委ねる前提で、はみ出た部分の調整を本部と行いながら対象先との交渉を行うことになります。対象先との交渉時にも、信用リスク管理の意識を持って臨みます。

**図表2　融資権限金額のイメージ**

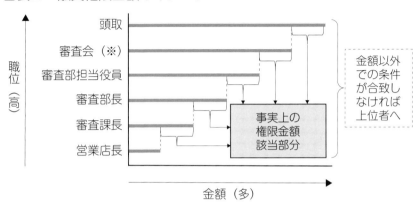

### 実行後は速やかに定量・定性データを補捉

　対象先との合意後には、(6)の事務手続きに移ります。具体的な内容は、(a)内部での稟議・決裁・送金手続きと、(b)対象先との契約（書）の締結です。実務上では、代表的な契約書である金銭消費貸借契約証書などについて、金融機関側の制定様式ではなくエネルギー事業者ほか大手法人が定めた様式で契約に応じることがあります。したがって、(a)をすべて終えてから(b)に向き合うわけでもその逆でもなく、対象先の意向を確認しつつ(a)(b)を同時並行的に行います。

　実行すなわち送金後には、速やかに定量・定性データを捕捉・更新し続けることがリスク管理上極めて重要です。いわゆるモニタリングを含むこうした(7)の過程は、一般的に"事後管理"または"中間管理"と呼ばれますが、本書では"事後管理"と記します。詳細は後項のQ04で改めて説明します。

# Q 02 信用リスクを調整する観点での交渉は何がポイント？

**A** 融資の交渉時には、信用リスクの調整を念頭に置き、債務保証などを含めた調整策について対象先と協議することが重要になります。

　序章で記述したように、リスクの調整には、リスクの取得を増やしたり減らしたりする方法があります。そのほかに、取得したリスクの全部または一部を形を変えて第三者に移転する方法があります。

　分かりやすい移転手法の例には、損害保険が挙げられます。自動車を運転すれば、自らの運転の誤りによって事故を起こしたり、他者の運転の誤りがもたらす事故に遭ったりするリスクの取得を余儀なくされます。運転する以上は、こうしたリスクを完全に消し込むことはできませんし、事故を起こしたり事故に遭ったりすることだけを都合よくだれかに代わってもらうわけにもいきません。

　その一方で、リスク顕在化時の損害を金額に換算すれば、第三者に損害を負担してもらうことを選択できる余地が生まれます。ケガや物損などを完全に元に戻すことはできませんが、加療や修繕によりある程度まで原状回復させられることもあります。その治療費や修理費を事前に保険料を支払う形で保険会社に負担してもらうわけです。損害保険では、保険契約によってこうしたリスク顕在化時の損害の一部を第三者である保険会社に移転しているのです。

　自動車保険の契約条件には、契約者から損害保険会社への保険料の支払いが含まれていますが、損害保険会社にとっては、この保険料は契約者が保有するオペレーショナル・リスクの引受けに対するプレミアムになります。取得したリスクの危険負担分の見返りにほかならず、実際の

## 図表3　債務保証の有効性と課題

事故発生件数が想定値を下回れば収益になり、その逆であれば損失になります。

## 債務保証は必ずしも良いことづくめではない

融資についても、取得する信用リスクの全部または一部を形を変えて第三者に移転する方法があります。この方法の1つに、債務保証が挙げられます。

融資時に返済の義務を保証する保証人を付けることを条件とすることがありますが、その保証人には、市区町村や都道府県の信用保証協会のほか、借手（資金不足者）の親会社などが就くことがあります。借手が契約どおりの返済を行わなかった場合に、借手に代わって保証人が融資金を返済（代位弁済）することをあらかじめ合意しておけば、その分だけ信用リスクが低減されることになります。

したがって実務上では、融資の交渉時に、信用リスクの調整が行える選択肢を考慮しながら、債務保証を含めた調整策について対象先と協議

**図表4　債務保証の検証の着眼点**

| 切り口 | 留意事項 |
| --- | --- |
| 自治体や信用保証協会の保証には、上限額が設定されている | 必要な金額が付保額を超える場合の取扱いが問題となる |
| 保証と引換えに、保証料が求められることが多い | 保証料を借手が支払う場合には返済負担増となり、金融機関が支払う場合にはリスク・プレミアムを吐き出すことになる |
| 貸手の強い立場が、係争時に問題となることがある | 借手に過度な保証の付保や負担を求めれば、優越的地位の濫用に抵触する可能性がある |
| 信用力の高い親会社などに債務保証を求める際に、一定の条件が付けられることもある | 債務保証時に、金利の引下げ（＝リスク・プレミアムの吐き出し）などを条件とされることがある |

することが重要になります。

　一見すると、信用リスクを調整する観点では、債務保証の合意さえ得られれば良いことづくめのように受け取られがちです。しかしながら、取得には条件が付けられることが一般的であるほか、債務保証がもたらす影響は複雑で、それゆえにプラス・マイナス双方の影響を多方面から検証する必要があります（前ページの**図表3**および**図表4**）。

　例に挙げた損害保険契約時の保険料同様に、信用保証協会の債務保証も、通常は保証料の支払いが条件となります。保証料分の金利引下げを条件とした債務保証によって、リスクを第三者に移転すれば、リスクを低減させた分だけ収益がもたらされないことが確定するわけです。そうした意味でも、リスク調整の高度化が求められると理解願います。

# Q 03 個人ローンの実務と信用リスク 管理はどう関わるの？

**A** 　個人ローンでは、外部保証機関の保証否認を避けるための正確確実な事務が重要です。これは、信用リスクのオペレーショナル・リスクへの切換えに当たります。

　個人向け融資商品の事務対応の中核は、次ページの**図表5**のフローになります。個別金融機関により詳細な事務手続きは異なりますが、"ローン"等の名称が付けられた商品（以下、個人ローン）の主な中身はそれほど変わりません。

　個人ローンの与信金額は、法人向け融資の金額に比べて相対的に小口です。小口ゆえに、採算に乗せるには、ローコストな事務対応が求められます。個人ローンが、マス層向けの画一的な"パッケージ型"で提供される背景には、個別対応に伴って生じる費用（手間賃）を抑えたいという思惑があるのです。

　こうした画一的な融資商品では、信用補完策として外部保証機関による保証が一体型で付保されることが標準的です。主な保証機関の顔触れには、㋐専任保証機関や、㋑リース・クレジット・消費者金融会社などのノンバンク、㋒金融機関の保証子会社、などが挙げられます。

　これらのうち、㋐㋑は個別金融機関の垣根を越えて利用されるため、競合関係にある複数の金融機関の類似商品に同一の外部保証機関の保証が付保される事象がみられます。また、同一金融機関の同種の個人ローンを「外部保証機関の違い＝商品（名）の違い」として取り扱ったり、同一の個人ローンで複数の外部保証機関による保証を並列して付保させる（仮審査申込書が複数の保証機関に跨った様式になっている）ことも珍しくありません。

**図表5　個人ローンの主な事務フローのイメージ**

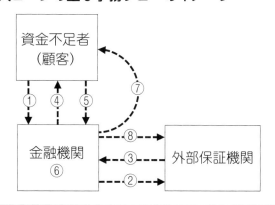

① 仮審査申込書・仮保証委託申込書を受領
② 仮保証委託申込書を回付
③ 仮保証委託申込書の諾否通知を受領
④ 仮審査結果を通知
⑤ ローン利用申込書兼契約書・保証委託申込書兼
　保証委託契約書等申込書類を受領
⑥ 稟議・決裁
⑦ 指定口座へ送金、またはローンカードを交付
⑧ ローン実行を連絡

## 外部保証機関による保証について理解・同意を得る

　金融機関側としては、外部保証機関による信用補完の可否を個人ローンの事実上の入口審査・必要条件と捉えていることが平均的です。これが、近年、過剰な貸付が社会問題化したカードローンの取扱いについて、監督当局が「実質的な審査を外部保証機関に丸投げしている」と指摘した主要因の背景です。

　取引の相手方である申込人側には、申込み時点で相応の資金ニーズなどがある一方で、保証などの仕組みを理解・熟知していない人も珍しくありません。一般の利用者にとって、ローン商品・サービスのつくりは

総じて複雑・難解だからです。そのため、「金利とは別に保証料負担が必要となる」ことなどを知らない・分からないまま審査や利用に至り、その後に苦情やトラブルに発展することがあります。

　よって、申込人に対しては、ⓐ商品構成上の特徴や、ⓑ外部保証機関による保証、ⓒ融資実行や保証に先立った外部保証機関への情報提供、などの理解・同意を先んじて求めざるを得ません。これらが図表5①のポイントです。

　仮審査委託申込書を含め、債務保証履行以前の外部保証機関宛て提出書類は、すべて申込人から金融機関が受領したうえで外部保証機関に回付するスキームとなっています。記入箇所が多数あるため、金融機関には内容の細かい確認と速やかな回付が求められます。これらが②です。

　外部保証機関の別や繁忙状況による違いはあるものの、外部保証機関からの諾否結果は、早くて数時間、遅くとも一両日中に通知されます。よって、相応の期間経過後に外部保証機関から諾否が返答されない場合には、外部保証機関への（受領・督促）確認と併せ、ほかの書類等への紛れ込み等を疑う必要もあります。

　諾否結果の通知を受け取ったら、速やかに記載内容を参照します。記載内容の不明点等の有無を確認し、必要に応じて外部保証機関に照会を行って申込者への説明に備える必要があります。これらが③です。

## 提出書類の内容の一致を確認する

　不明な点を確認したら、外部保証機関からの諾否結果を踏まえて、仮審査段階で与信の可否を判断し、申込人に通知します。この過程では、何よりも迅速な通知が必要となります。加えて、外部保証機関からの返答内容は多様なため、通知時には次ページの**図表6**のようなことにも留意する必要があります。このような過程が④です。

　融資対応が見込めた際には、申込人に最終意思を確認します。①〜④

## 図表6　申込人に対する仮審査結果通知時の主な留意事項

| 諾否結果 | | 留意事項 |
|---|---|---|
| 承諾 | | ● 資金ニーズが切迫している申込人等の場合には、ほかの金融機関やノンバンク等にも同時に照会・打診を行っていることも多く、「通知の遅れ＝有効期限までの期間の短縮」となるため、通知は可及的速やかに実施する |
| | | ● 外部保証機関からの承諾内容には、「本件適用：承諾後1ヵ月」といった承諾有効期限が設定されていることが一般的なため、こうした「ただし書」の内容も申込人に漏れなく通知する |
| | | ● 融資金の交付方法が普通預金口座を介して行われる商品の場合には、実行に先立った預金口座開設が必要となるため、口座未保有者に対しては併せて口座開設の説明・勧奨も行う |
| 否決 | うち条件あり | ● 外部保証機関から「申込内容どおりには承諾しかねるものの、金額減額・金利引上げ・ほかの信用補完策の実施により相談対応余地あり」等の返答がなされた場合には、決裁権限者に対応方針を照会したうえで、必要に応じて通知時に説明する |
| | | ● あくまでも「このままでは否決だが、条件次第で相談余地あり」という取扱いであることに留意し、通知時には内部ルールに則って面談記録の作成・回覧・保存を行う |
| | うち条件なし | ● 否決によって申込人がほかの金融機関やノンバンク等からの資金調達・借入れを行う必要性等を考慮し、「悪い返事ほど早く」の原理原則に沿って迅速に・明確に謝絶する |
| | | ● 必要に応じて複数の行職員で面談し、内部ルールに則って面談記録の作成・回覧・保存を行う |

はすべて、「仮」が付く段階に過ぎないからです。申込人が借入意思を固めれば、ローン利用申込書兼契約書・保証委託申込書兼保証委託契約書の記入・提出を求めます。

　加えて、契約書以外に必要となる裏付書類の提出を依頼します。具体的には、給与明細書・源泉徴収票・税額通知書・公的所得証明書・納税証明書・確定申告書などです。受領時には、発行日からの有効期限等の確認も必要です。⑤ではこうした手続きを行います。

郵 便 は が き

| 1 | 6 | 5 | - | 8 | 7 | 9 | 0 |

料金受取人払郵便

中野北局
承認
929

差出有効期間
2022年10月
31日まで

東京都中野区新井 2 − 10 − 11
ヤシマ 1804 ビル 4 階
株式会社 近代セールス社
ご愛読者係 行

llıllıllıllıllıllıllllıllıllıllıllıllıllıllıllıllıllıll

| ご住所 | 〒□□□−□□□□　　□ 自宅 □ 勤務先 (いずれかに☑印を) | | |
| | ☎ (　　　　) 　−　　 | | |
| お名前 | (フリガナ) | | |
| | | | |
| Eメールアドレス | | | |
| ご職業 | | 会社名 | | 年齢 | 歳 |

＊ご記入いただいた住所やEメールアドレスなどに、小社より新刊書籍などの
ご案内をお送りしてよろしいですか。不要の場合は下記に✓をしてください。
□ 送らないでほしい

※当社は、お客様より取得させていただいた個人情報を適切に管理し、お客様の同意を得ずに第三者に提供、
開示等一切いたしません。

# ●アンケートへのご協力をお願いします●

　本書をお買い上げいただき、ありがとうございました。今後の企画の参考にさせていただきたく、以下のアンケートにご協力をお願いいたします。毎月5人の方に図書カード（1000円分）をお送りいたします。

## (1) お買い上げいただきました本の書名

## (2) 本書をどこで購入されましたか

□一般書店(書店名　　　　　　　) □インターネット書店(書店名　　　　　)
□勤務先からのあっせんで　　□小社への直接注文
□その他(具体的に　　　　　　　　　　　　　　　　　　)

## (3) 本書をどのようにしてお知りになりましたか

□書店で見て　□新聞広告を見て　□勤務先からの紹介　□知人の紹介
□雑誌・テレビで見て(ご覧になった媒体・番組名　　　　　　　　　)
□インターネット・SNS で見て(サイト名等　　　　　　　　　　)
□ダイレクトメール　□その他(　　　　　　　　　　　　　　　)

## (4) 本書についての感想をお聞かせください

## (5) 今後お読みになりたいテーマ・ジャンルをお教えください

　そのうえで、内部ルールに則って稟議等を起案し、決裁を受けます。仮審査申込書の記載内容とローン利用申込書や疎明資料の内容が一致していない場合には、速やかに申込人に連絡して理由を照会し、記録・保存します。

　正当な理由が認められた場合には、外部保証機関に変更内容・理由を伝えて改めて保証判断を待ちます。変更が認められない場合には、本審査過程での謝絶の判断材料になることもあります。このようなことがあるため、全工程で慎重な対応が必要なのです。これらが⑥です。

## 信用リスクをオペレーショナル・リスクに切り換える

　決裁後には、個人ローンの種類に応じて送金やカード交付を行います。住宅・自動車ローンなど目的別ローンの場合には、資金使途とは異なる資金利用を防止するため、㋑あらかじめ振込依頼書の記入・提出を受けておき、㋺ローン実行時に申込人口座への送金と同時に不動産・自動車販売業者等の指定口座に送金する、手続きも行います。実行に合わせて、実行した旨を申込人へ連絡する金融機関もあります。このような手続きが⑦の過程です。

　実行後には、外部保証機関に速やかにその事実を連絡します。外部保証機関や商品の別により、通知方法がシステム上のオペレーションやファクシミリなどの違いがあります。

　信用リスクの取扱いに主眼を置けば、これら一連のフローの中核は、信用リスクの顕在化時に外部保証機関に保証否認されないように、漏れなく正確に事務処理を行うことです。

　つまるところ、信用リスクをオペレーショナル・リスクに切り換えているわけで、こうした切換えを「リスクの転嫁」と言います。

# Q04 事後管理では基本的に どんなことがなされているの？

**A** 自己査定は、年次査定から随時査定に移行しているものの、決算書頼みの実態は変わりません。担保の実地調査は、負担感の増大から軽減策が検討されています。

食料品の現金購入時や駅構内などの（硬貨型）コインロッカー利用時には、商品・サービス提供と代金回収が同時に行われます。それとは異なり、融資取引では実行（資金提供）から元本・利息の回収（完済）まで年単位の期間を要することが少なくありません。このためその期間中に、融資利用者（資金不足者）の経済状況などが変化すれば、返済に影響する可能性があります。

完済までの期間が長くなるほど、各種変化の可能性は高まり、変化の幅も広がります。リスクの観点で捉えれば、「期間が長くなるほど、信用リスクが高く・大きくなる」ことになります。言い換えれば、期間が長い融資は、期間が短い融資よりも信用リスクが高く大きくなるわけです。

融資実行後の事後管理の第一目的は、こうした信用リスクの性質を念頭に置いたうえで、利用者の変化の兆候を速やかに捉えることにあります。経済状況が悪化したときの損害を未然に防止・抑止するだけでなく、経済状況が好転したときの競合先からの借換提案なども視野に入れる必要があります。「べき論」で言えば、そうした注視を常に全利用者に等しく適用すべきです。

しかしながら、経営資源は有限ですので、リスク顕在化時に影響の大きい融資を優先して管理する施策が選択されることが一般的です。事後管理の内容は、㋐融資金額（表面残高）・（担保や保証などを控除した）

**図表7　信用格付と自己査定の実施目的・根拠**

| 種類 | 実施目的 | 実施根拠 |
|---|---|---|
| 信用格付 | 与信管理 | バーゼルⅡ上の"第一の柱"である信用リスクの精緻化 |
| 自己査定 | 決算処理 | 金融検査マニュアル上の金融機関自らによる（会社計算規則五条6上の）「資産査定」の実施 |

　未保全額などによって優先順位を設定すること、①法人の決算書（写）の徴求時に合わせて年1回の頻度で信用格付と自己査定を実施すること、を柱とする金融機関が平均的です。

### 年次査定から随時査定に移行するものの…

　自己査定については、1,000万円または2,000万円など、一定の融資（与信）残高や徴求した担保分を控除した未保全額などで線引きを行い、それ以下を簡易的に実施する取扱いもみられます。また、前項のQ03で述べたように、個人向け融資は相対的に金額が小さく、ローンの大部分に外部保証機関による保証も付保されているため、こちらも簡易的に実施する取扱いがみられます。一般に、こうした簡易的な自己査定を「一般査定」もしくは「簡易査定」と呼びます。

　よく誤解される信用格付と自己査定ですが、両者はそもそも実施目的が異なります（図表7）。融資を含む与信のため実施される信用格付に対し、一般貸倒引当金・個別貸倒引当金の算定・計上または直接償却、すなわち決算のために実施される自己査定、という位置づけです。

　本章Q01で説明したとおり、建付けは任意実施の信用格付ですが、導入した金融機関では、自己査定による債務者区分結果との間に「整合性が認められるかどうか」を精査することも求められます。

　本邦金融機関の決算期は、ほとんどが3月のため、かつては毎年12月

## 図表8　年次（年1回）査定のイメージ

各期日で進捗を管理

| 該当時期 | 該当事項 |
|---|---|
| 12月末日 | 自己査定基準日として決算書（写）を徴求 |
| 1月より | 自己査定開始 |
| 2月末 | 自己査定実施期限 |
| 3月中 | 査定後に後発事象が認められた先の債務者区分を見直し |
| 3月末 | 債務者区分確定 |

末日を基準日とする"年次査定（年1回査定）"が広範に展開されていました（**図表8**）。今もなお、この周期で実施している金融機関もありますが、自己査定制度の導入から相当期間が経過したこともあり"随時査定"に移行する金融機関が多くを占めるようになりました。

"随時"という言葉の響きからは、「与信先にまつわる全情報を常時収集し、速やかに自己査定を実施して債務者区分を高頻度で見直す」といった印象を受けます。しかしながらその実態は、「決算書の徴求時には12月末を待たずに自己査定を実施するものの、それ以外は自己査定自体を行わず、査定頻度は年1回のまま」とする金融機関が大半です。言い換えれば、現在もなお自己査定が"決算書頼み"の域を出ていないと言わざるを得ません。

実務上では、決算書の徴求時に借手（資金不足者）との面談機会を設定し、業況の振り返りと今後の事業計画・注力事項・達成見込みなどを聴取します。この際に、面談相手を実権者とし、できる限り詳細かつ裏づけの十分な実態把握ができるか否かが信用リスク管理水準に直結します。

誤解を怖れずに言えば、したたかな借手（資金不足者）も多く、面談

者が金融機関勤務経験者であったりそうした社員を同席させたりすることも珍しくないため、金融実務者の実力が問われる場面となります。

　本章のQ06で改めて説明しますが、近年の金融機関に求められている事業者への本業支援も、この過程を必要十分に実施しておかなければ機能しないと理解願います。

## 実地調査が営業店担当者の負担になる傾向も

　信用補完の代表的な手段であり、担保全体に占める比率や実際の保全金額の大部分を占める不動産担保については、内部ルールで実地調査（現地調査）が義務づけられています。その頻度は「（最低限として）年1回」が平均的です。

　しかしながら、担保付融資案件の積上りを背景に、営業店担当者の心理的な負担感は総じて大きいのが実情です。また、負担感が大きくなる背景に、ⓐ担保不動産の所在地が必ずしも店舗や営業店担当者の担当管内もしくはその近隣にあるわけではないため必要に応じて遠隔地への訪問が必要となること、ⓑ写真撮影や専用ソフトウェアへの入力等が必要なこと、などがあります。

　金融機関の内部で設置・運営されている「事務改善委員会」や「提案制度」などで、担保不動産の実地調査に関する負担軽減が検討される事象もままみられます。例えば、「本部集中化による営業店担当者の負担軽減」や「普段は店舗窓口で接客等を担当するテラーによる実地調査の実施」などが俎上に載せられています。これらを含め、限られた経営資源を最も有効に活用するための様々な負担軽減策が模索されています。

# Q05 信用リスク管理の高度化にはどんな課題があるの？

資金不足者からのニーズに応諾し続けていくために、自己資本比率を含めた経営諸比率の向上が課題になります。その対策は、日々の審査や事後管理の適切な積み重ねです。

　法人の安全性を評価する代表的な指標の１つに、自己資本比率が挙げられます。自己資本比率は、実務上でも取引相手など関係者の多くから注視されています。

　預金者など数多の取引相手を持つ金融機関にとっても、安全性の観点はとても重要なため、自己資本比率が重視されます。改めて言うまでもなく、「安心して預けられる」「契約内容が間違いなく履行される」等の確証を与えられなければ、取引相手から選ばれないためです。

　金融機関の自己資本比率の算出方法は、一般の法人とは異なり、自己資本をリスク・アセットで除して算出します（**図表9**）。このため、一般の財務諸表の解説書などには、掲載されていないこともあります。

　この計算式の分子のうち、「Tier Ⅰ」（基本的項目）には資本の部、「Tier Ⅱ」（補完的項目）には劣後ローンなど、「Tier Ⅲ」（準補完的項目）には短期劣後債務が含まれます。また、分母の「リスク・アセット」は、貸倒れの危険性を踏まえた総量になります。

　したがって当然のことながら、どこに・だれに融資や投資を行ったかによって貸倒れの可能性は変動します。そうした実態を大まかに反映させるべく、資産別に一律のリスク・ウェイト（**図表10**）を乗じ、出された計算値を合算することで総量とします。

　さらに、バーゼル銀行監督委員会が公表している国際統一基準であるバーゼル合意により、新たな金融機関規制が発動されることが決まって

**図表9　自己資本比率の算出方法の違い**

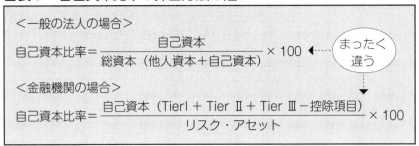

**図表10　リスク・ウェイトの内訳概要**

| 資産の種類 | リスク・ウェイト |
|---|---|
| 政府向け融資（＝国債） | 0％ |
| 銀行向け融資 | 20％ |
| 一般法人向け融資 | 100％ |
| （個人向け）住宅ローン | 50％ |

**図表11　バーゼルⅢ最終合意で厳格化された計算式**

$$自己資本比率 = \frac{自己資本の額}{信用リスク・アセット＋（マーケット・リスク相当額＋オペレーショナル・リスク相当額）× 12.5} × 100$$

います。2007年夏以降の世界的な金融危機を発端として見直しに向けた検討が進められ、2017年12月に新しい規制の枠組み「バーゼルⅢ」について最終的な合意が成立しています。

　この合意では、自己資本比率の計算時に、オペレーショナル・リスク相当額が反映されるなど分母の算出方法が従来よりも厳格化されました（**図表11**）。また、リスク・ウェイトも見直しが予定されています（次ページの**図表12**）。合意内容については、2022年から段階的に実施され、2027年に完全実施される予定となっています。

### 図表12　バーゼルⅢ最終合意に伴う主なリスク・ウェイトの見直し

| 概要 | 現行 | バーゼルⅢ最終合意の国内適用後 |
|---|---|---|
| 金融機関向け債権 | 金融機関の設立国のソブリン格付を参照（※日本：20%） | 金融機関自体の格付を参照（A格：30%、BBB格：50%） |
| 事業法人向け債権 | 外部格付を参照 | 同左（格付に応じた変更点あり） |
| 株式 | 100% | 250%（5年間の経過措置あり）投機的な非上場株式：400% |
| 金融機関劣後債 | 250% | 同左（変更なし） |
| 事業法人劣後債 | 外部格付を参照（A格：50%、BBB格：100%） | 150% |
| TLAC債（注） | 自己資本の5%以下：金融機関向け債権のリスク・ウェイト自己資本の5%超：150% | 150%（2019年3月以前の既往保有分は10年間の経過措置適用） |

注：世界の巨大銀行が金融危機に陥った場合に備えて、同銀行の持ち株会社が発行する社債。国内
　　金融機関ではメガバンク等が該当

　なお、自己資本比率については、海外に支店などを設けて海外業務を展開する金融機関には国際統一基準として8％以上、国内業務だけを行う金融機関には国内基準として4％以上の数値が求められています。

## 信用不安があれば資産は増やしにくい

　融資などの原資は、多くの預金者に信頼して預け入れてもらった預金ですから、安易な審査や不十分な事後管理によって貸倒れを招いたり、損失を増大させるわけにはいきません。金融機関としては、これらのことを前提としながら、事業の伸展を目指すことが望まれます。それを実現するためには、自己資本比率を含む経営諸比率を高め、幅広い預金者から信頼してもらって預金を受け入れ、さらに経営諸比率を高めるという"正のサイクル"にする必要があります。

　逆に、予想外の貸倒れ等によって自己資本比率が低下した際には、①

自己資本（すなわち計算式の分子部分）を大きくする、②リスク・アセット（計算式の分母部分）を小さくするという対応方法が考えられます。ただし、「自己資本比率低下≒信用不安」が認められる中では、資本を増やすことは簡単ではありません。

　よって、生き残りを図ろうとすれば、資産すなわち（融資ほか）与信などを減らすほう方が簡単ですので、そうした圧力が働くことになります。その結果が、いわゆる貸し渋りや貸し剥がしです。

　実際に、財政構造改革法やアジア通貨危機などを背景とした1997〜1998年前後のジャパン・プレミアムの発生と、それに伴う国内金融機関の貸し渋り・貸し剥がしは、経済に大きな悪影響をもたらしました。無担保コール市場などが混乱し、北海道拓殖銀行の経営破綻の原因の１つになったのですが、この際の金融機関の都合による一方的・独善的な対応に対し、多くの批判も寄せられました。

　このときのような貸し渋り・貸し剥がしが２度と起きないようにするためには、適正な利益を得て、自己資本を着実に積み上げておくことが極めて重要です。

　それゆえに、日々の審査や事後管理の漏れのない実施が、不用意な貸倒れを防ぐとともに、事業の伸展をもたらすと改めて認識願います。

# Q 06 なぜ信用リスク管理のうえでも本業支援が必要なの？

**A** 事業者への本業支援により業況が回復すれば、貸倒れの可能性を低下させて信用リスクを減らすことができます。その積み重ねが、地域経済の活性化にもつながるのです。

　事業者数と融資需要には、強い相関関係がみられます。それゆえに、特に営業地区などが定められた地域・中小金融機関では、営業地区内の事業者数やその推移に留意せざるを得ません。

　日本国内の人口はすでに減少局面に入っており、地域を問わず「倒産・廃業・事業休止の件数＞創業・事業再開の件数」の図式がみられます。だからこそ、本業支援によって事業者の業況を回復したり、休廃業を遅らせたりすれば、地域経済すなわち融資市場の縮小を食い止める一助になります。

　また、すでに融資実行中の先に本業支援を実施し、結果として業況が回復すれば貸倒れの危険性が低下するわけですから、信用リスク量を実質的に減らすこともできるのです。

## 金融機関が本業支援に取り組む意義

　事業者の倒産・廃業・事業休止が地域経済に与える影響は少なくありません。例として、宿泊棟と宴会棟の２棟の建物で営業していたホテルが、業況悪化に伴って宴会棟の使用を取り止め、宿泊に特化した事業に再構築したとします。

　この決定・対応により、宴会棟の「床や外窓などの清掃」や、婚礼・宴会などで需要がもたらされる「食材・資材の配達」「弁当やデザートの仕出し」「音響機器の貸出し」などを請け負っていた事業者にも、直

## 図表13　ディスクロージャー誌の開示項目［銀行法施行規則抜粋］

［業務および財産の状況に関する説明書類の縦覧等］
第十九条の二　法第二十一条第一項前段に規定する内閣府令で定めるものは、次に掲げる事項とする。
【中略】
四　銀行の業務の運営に関する次に掲げる事項
　イ　リスク管理の体制
　ロ　法令遵守の体制
　ハ　中小企業の経営の改善および地域の活性化のための取組みの状況

接的な影響が及ぶことになります。請負業者の中には、このホテルの宴会棟絡みの受注が売上の中心となっていた事業者がいる可能性もあります。

　もし宿泊棟まで閉鎖せざるを得なくなれば、シーツなどを洗濯するリネンサプライ事業者などにも、影響の拡大が避けられなくなります。

　この例からも明らかなように、取引関係のある事業者同士には、取引を通じた経済効果が生まれますので、特定の事業者の業況不振が与える影響は単独事業者だけにとどまらず地域に幅広く及びます。中長期的な地域経済の衰退傾向は、地域の個々の事業者の信用リスクが顕在化する遠因です。これらを裏返せば、事業者の業況回復がもたらす正の影響も地域に幅広く及びます。

　よって、営業地区内の経済動向の影響を直接的に被る地域・中小金融機関が、事業者の本業支援に向き合う動機にはこと欠かないのです。

　こうした背景が認められる中で、金融機関で作成されているディスクロージャー誌では、事業者への本業支援に多数のページが割かれています。ディスクロージャー誌の開示項目は、1998年の金融システム改革法の成立に伴って銀行法施行規則（図表13）上に具体的に列挙されるようになりました。本業支援と地域活性化についても規定されていますの

### 図表14　金融仲介機能のベンチマークのうち選択ベンチマーク（抜粋）

| 番号 | 内容 |
|---|---|
| 4 | 取引先への平均接触頻度、面談時間 |
| 12 | 本業（企業価値の向上）支援先数、および全取引先数に占める割合 |
| 16 | 創業支援先数（支援内容別） |
| 17 | 地元への企業誘致支援件数 |
| 18 | 販路開拓支援を行った先数（地元・地元外・海外別） |
| 19 | M&A支援先数 |
| 21 | 事業承継支援先数 |
| 22 | 転廃業支援先数 |
| 38 | 取引先の本業支援に基づき行われる個人表彰者数、および全個人表彰者数に占める割合 |
| 39 | 取引先の本業支援に関連する研修等の実施数、研修等への参加者数、資格取得者数 |

※金融仲介機能のベンチマークに基づいて作成

で、それに従った対応になっています。これらの取組状況を開示させることで、各金融機関の取組実態を第三者が容易に確認できるようにし、それによって活動促進を図るという監督当局の狙いがあったことは想像に難くありません。

## 本業支援は金融機関にとって必要不可欠

　加えて、2016年秋に金融庁より策定・公表された「金融仲介機能のベンチマーク」も、本業支援などにさらに拍車をかけました。ベンチマークは、①全金融機関に課される「共通ベンチマーク」、②あらかじめ定められた中から金融機関が任意選択する「選択ベンチマーク」、③金融機関が自由に設定できる「独自ベンチマーク」に大別されます。これらのうち、②の中に、本業支援や地域活性化に関係する項目が相当数包含されています（図表14）。

　こうした状況の下で、近年では、金融庁およびその委任を受けた地方財務局の検査時にも本業支援などが検証されるようになっています。取組みへの基本的な考え方に加え、具体的な実施内容と効果を掘り下げ、そのうえで、どうすればさらに前向きに取り組めるか等の観点で対話がなされるようになっています。

　それらに関連する金融支援の方向性についても、2013年6月14日に閣議決定された「日本再興戦略」に、「日本産業再興プラン」の具体策の1つとして、いわゆる事業性評価が盛り込まれました。従来からの財務データや担保・保証に依存した融資ではなく、事業内容や成長可能性を適切に評価して、成長を支援していく方向性が示されたのです。

　つまるところ、本業支援や地域活性化支援は、金融機関の業務継続上で不可欠であり、それを促進させたい監督当局からのメッセージに応える意味でも必要なのです。

　ただし、金融機関が事業者に対する本業支援に注力すれば、早期に業況が改善されるなどの良い効果が現れるばかりではありません。合わせて、担保や保証を徴求しない融資自体は、信用リスクの取得量をかさ上げもします。

　それゆえに、貸倒れなどが発生した際の保全が少ない分だけ業況把握にも注力が求められることになります。接触頻度を高め、業況変化の兆候の早期の把握を通じて支援を積極化させ、貸倒れに至らないようにしなければならないわけですが、その分だけ経営資源が割かれることにほかなりません。利ざやの低下に悩む中で、人員を絞り込まざるを得なくもなっている金融機関の状況を踏まえれば、投入できる経営資源にも制約がもたらされます。

　したがって、形式ではなく実質的な接触頻度を高める施策の実行など、支援に伴う創意工夫が行員・職員にさらに求められることになると言えるでしょう。

# Q07 信用リスク管理を強化するには どんなことを見直せばいいの？

**A** 融資先からの情報入手経路や手段を増やすほか、職種などを限定しない多能化によって実質的に人員を増やすことで、信用リスク管理を強化できます。

融資の原資は、数多くの預金者から受け入れた預金です。このため、法律や内部ルールに則った公平・公正な融資をもって着実な回収を図り、預金者からの払戻依頼に応じられるようにしなければなりません。金融機関に求められるこうした責任を「貸手責任（Lender Liability）」と呼びます。リスクの観点で「貸手責任の履行」を言い換えれば、「適切なリスク管理（施策）の実施」ということになります。

貸手責任は、取得する信用リスクの量に比例して重くなります。このため、ここでは「信用リスク量が増えた＝融資を実行した」後の事後管理を中心に説明します。

例えば、同日の同時刻に同じ信用格付の相手におのおの融資を実行した場合では、貸手責任は期間が長いほう・（担保や保証によって保全されていない）金額の多いほうが重くなります。

理屈のうえでは、すべての融資に対して等しく回収まで注視することが求められますが、事後管理には相応の負担を伴うため、実務上では融資の形態や条件などによって強弱をつけざるを得ません。一例を挙げれば、事業性評価に基づく担保や保証に依存しない融資を推進し、結果としてそうした形態の融資の件数などが積み上がれば、それに伴うリスクも優先して注視せざるを得なくなります。よって、件数などの伸長に比例して事後管理の負担も膨らむことになるのです。

このような課題を解決し、リスク管理を強化するため、以下では代表

**図表15　信用リスク強化の代表的な着眼点**

| 着眼点 | 考え方 |
|---|---|
| ①融資先からの情報入手経路や手段の増設 | 経路などを多数化させて変化の兆候を速やかに把握する |
| ②実質的人員の増員 | 事務量に向き合う資源を充実させる |

的な着眼点を2点挙げます（図表15）。

## 法人だけでなく代表者個人にも取引を広げる

### ①融資先からの情報入手経路や手段の増設

　改めて言うまでもなく、事後管理の実施目的は融資先の変化の兆候を把握することで、それによって、保全の強化など取引条件の変更や本業支援などに適切につなげることです。したがって、融資先の変化を知ることや察することができる経路や手段を増やすことができれば、変化に早く気づくことによるリスク管理の強化につながります。そのための方法は、必ずしも融資先に訪問することばかりではありません。

　例えば、融資実行後に単に預金口座から元利金を約定日に回収するだけではなく、法人の場合の売上や個人の場合の給与などを振込指定してもらえれば、これらの増減の把握がシステム上でもできるようになります。また、法人の場合の給与振込の元請契約を締結できれば、従業員数の変動も随時把握できるようになります。

　データに現れる定量面だけでなく、代表者などの言動から把握できる定性面についても、工夫の余地があります。例えば、来店を誘致して渉外担当者以外と面談する機会を得られれば、変化の兆候を把握する機会が加増しますし、日頃から接している担当者とは異なる視点から見る・ヒアリングすることも可能になります。

また、融資先が法人の場合にはその法人との取引だけでなく、代表者（実権者）やその親族など個人に取引を広げられれば、個々の生活水準や後継者候補に関する情報の把握につながります。融資先が個人の場合にも、同じように1人との取引だけでなく、その同僚などに取引を広げられれば、勤務先情報の把握強化につながります。

　もうお分かりだと思いますが、取引接点を増やすことは預金や融資などの残高を増やすだけでなく、リスク管理の強化にもつながるのです。こうしたことが前ページの図表15の①に該当します。

## OJTを通じて一般職の能力開発を図る

### ②実質的人員の増加

　組織内の人数が限られる中で、手間のかかる事後管理を充実させるには、行員・職員の多能化により分業の選択肢を広げることのほか、リスク管理に寄与しない事務作業を削って業務を効率化させることなどが有効です。

　複数のキャリアコースが並立する多元的な人事管理を行う、いわゆる「複線型人事制度」を導入した比較的大きな規模の金融機関では、「一般職：定型業務＋転居を伴う異動なし／総合職：業務・地域等の制限なし」として区別することが標準的です。一方、複線型人事制度を導入しつつも遠隔地に店舗などの拠点を持たない地域・中小金融機関では、「総合職：渉外（＝店舗外営業）あり」「一般職：なし」で区分していることが少なくありません。

　地域・中小金融機関の場合、こうした基本的な区分の下で、大学・大学院卒の男性中心の総合職採用と高校・短大卒を含む女性中心の一般職採用を継続させている実情が、多くの金融機関で認められます。同じ時期に同じように営業店に配属されても、総合職が渉外だけでなく融資窓口も担当する一方で、一般職の大部分は店舗を跨ぐ人事異動後にもテ

**図表16　複線型人事での職種別ローテーションの例**

| | | 総合職 | 一般職 |
|---|---|---|---|
| 店舗 最初の | 1年目 | 融資後方事務＆テラー | 後方事務 |
| | 2年目 | 渉外 | テラー |
| | 3年目 | 渉外 | テラー＆後方事務 |

店舗を跨ぐ人事異動

| | | 総合職 | 一般職 |
|---|---|---|---|
| 店舗 2店舗目の | 4年目 | 渉外 | テラー＆後方事務 |
| | 5年目 | 渉外 | テラー |
| | 6年目 | 融資窓口 | 後方事務 |

ラーまたは後方事務担当を担い続けること（**図表16**）が珍しくありません。

　一般職の場合、就職後一定の在職年数に達し、様々な部店への異動を繰り返す中でも、融資窓口に配属される形でいわゆるバックオフィス業務に就く比率は高くありません。したがって、融資業務を担当し、OJTを通じて能力開発を図ることで実質的な増員を果たし、信用リスク管理を強化する余地を残しています。

　別の見方では、IoTをはじめとする技術伸展だけでなく、金融機関同士の競争もなお激しい状況が認められるため、黙っていても競合相手が様々な創意工夫を積み重ねてきます。こうした概況を意識し、顧客の声をモニタリングしながら速やかに周囲や本部とも共有するだけでなく、事務改善を含む具申提案を行うことも信用リスク管理に寄与します。

　日常の活動で言えば、他者からの伝聞だけでなく自ら事務取扱内容を漏れなく習得して個々の事務対応時間を圧縮することも、実質的な人員増をもたらします。これは、結果として顧客満足度をもたらすことにもなるでしょう。

# 第2章

# 市場リスク管理の
# 仕組みを理解しよう

# Q01 市場リスクはどのように管理されているの？

**A** 各営業店が向き合う融資とは異なり、余資運用は本部で行われます。そのため、おのおのの金利リスクは別建てで管理され、最終的に合算されることが標準的です。

　受け入れた預金と実行した融資の差額は、余裕資金（余資）となります。この余裕資金は、金融市場での有価証券への投資や、預け金などに回されます。こうした行為を「余資運用」と呼ぶことがあります（**図表1**）。また、余資運用と融資などの与信を合わせて「（資金）運用」と呼びます。

　市場リスクのうち、金利リスクは需給によって変動する相場動向によって損害を被るリスクですので、融資実行後に需給が変動することで金利が上下すれば、融資についても損得がもたらされます。つまり、融資にも信用リスクのみならず金利リスクがついて回るということです。為替リスクについても同様で、外貨建ての融資を行えば、実行後の外国為替相場変動によって融資についても損得がもたらされます。

　逆に、投資した債券・株式などの有価証券も、発行体の経営が破綻すれば、投資金や利息・配当金の回収ができなくなります（俗に言う「倒産して株券が紙くずになる」状態のこと）。預け金についても同様で、預金保険の付保対象範囲を超える部分について、払戻しが受けられなくなる可能性があります。このように、余資運用で投資される有価証券にも、信用リスクがついて回るのです。

## 有価証券はコンピュータシステムで管理

　それでも、個別相対取引を行う融資の場合には、信用格付の低下など

**図表1　資金運用の実施余地のイメージ**

```
    預金（受入）額  10,000 円
 −）融資（実行）額   5,000 円
─────────────────────────────
    余裕資金（余資）  5,000 円 → 有価証券・預け金など
                                への投資へ
```

信用リスクが高まった際に担保・保証などを追加で徴求したり金利を引き上げたりすることで、信用補完を交渉する余地があります。

　これに対し、市場で売買する債券や株式などの有価証券は、個別相対的な交渉ができません。投資判断も、公開情報に基づいて行うことが求められ、未公開情報を不法に共有・利用して取引を行えば、インサイダー取引に抵触します。だれもが参加できる公平公正な市場を形成するため、市場に参加して取引を行う金融機関にも、ルールの遵守が当然に求められるのです。

　また、各営業店で審査・実行手続き・事後管理・回収などを行う融資とは異なり、余資運用は本部の一部門で集中して行うことが一般的になっています。

　こうした違いがあるため、融資と余資運用の金利リスクは別建てで管理され、最終的なリスク量の算出時に合算される取扱いが標準的です。

　実務上では、購入・保有した有価証券については、証券会社などが提供するコンピュータシステム（有価証券管理システム）に入力し、相場変動情報を把握しながら管理対応する実情が幅広くみられます。預け金についても、有価証券投資と同様に、本部の一部門で集約して担い、明細をサブシステムなどに入力して管理することが一般的です。

# Q02 ▶ 市場リスク管理時に特に注視されていることはあるの？

 余資運用の業務執行体制に分離と相互牽制を図る「フロント・バック・ミドルオフィス」体制を構築します。バックがフロントを牽制し、ミドルがリスク量を試算します。

　市場リスク管理にまつわる注視対象の1つに、余資運用に関わる業務の執行体制が挙げられます。注視されるきっかけは、かつて世界を震撼させた「ベアリングス事件」です。

　リスクの分類で言えば、需給によって変動する相場動向という市場リスク要因が顕在化し、それに対して隠蔽工作というオペレーショナル・リスクを顕在化させたことで経営破綻に至った事件です。

　1762年に最古の投資銀行として創業され、英国ロンドン市の金融街「シティ」に立地していたベアリングス銀行（Barings Bank）は、1980年代の金融ビッグバン以降、金融市場での裁定取引（金利差や価格差に注目し、割安な投資対象を買って割高な投資対象を売ることによって両者の「さや」を抜く取引。両者の価格が収縮した際に反対売買を行うことで投資収益を上げることができる）に注力していました。そんな中、1995年に同行シンガポール支店に勤務していたニック・リーソン行員が行ったデリバティブ取引の失敗により破産し、233年の歴史に幕を閉じざるを得なくなりました。

　当時、リーソンは、シンガポール国際金融取引所と大阪証券取引所に上場されていた日経225先物取引を行っていました。そうした中で、1995年1月17日に阪神・淡路大震災が発生し、それに伴って日経株価指数が急落して損失を被ります。損失の発覚を怖れたリーソンは、損失分を秘密の口座に隠匿し、ほかの取引の収益をもって損失を穴埋めしよう

とさらに大きな取引を行いました。

　しかしながら、その取引は、さらに損失を拡大させることとなりました。この結果、最終的な損失は、同行の自己資本である約750億円を超える約1,380億円に達したのです。

　リーソンがこのような隠蔽工作を行えたのは、ⓐ電話などの売買（発注）、ⓑ損失（収支）の管理、ⓒ売買に伴う勘定処理の３つ役割を単独で行えたから、と現在では解釈されています。これらの役割を分担すれば、隠蔽工作自体が行えず、たとえ工作しても早い段階で損失に気付かれたはずだからです。

## ベアリングス銀行と同じような事件も

　ベアリングス事件と同じ頃、本邦金融機関にも同じような事件が発生しました。俗に、「(旧) 大和銀行ニューヨーク支店巨額損失事件」と呼ばれる事件です。

　旧大和銀行ニューヨーク支店の本社採用嘱託扱いの身分であった井口俊英行員は、1983年に変動金利債券の取引で約５万ドルの損失を被りました。ほかの取引の収益をもって損失を穴埋めしようとした井口は、米国債の簿外取引（帳簿すなわちシステムなどに計上せずに行うため決算に反映されない取引）を行うようになりました。

　隠蔽の手口は、取引関係の書類を偽造し、支店内でも限られた行員しか知らないシステムコードによる入力を行うというものでした。12年間にもわたった工作の結果、1995年時点の損失は、約11億ドルに達しました。こうした経緯も、ベアリングス事件とよく似ています。

　事件は、実行者である井口の自白により発覚し、最終的に同行は３億4,000万ドルの科料とともに、米国からの完全撤退を求められました。井口個人にも、禁固４年・罰金200万ドルの実刑判決が下され、服役に至りました。

## 図表2　相互牽制のための業務執行体制の例

| 名称 | 一般の事業者でみられる解釈・主な分掌 | 金融機関の余資運用業務についての主な分掌 |
|---|---|---|
| フロント（オフィス） | 顧客と直接接触する部門の総称［営業部門・販売店・コールセンターなど］ | 有価証券の購入・売却およびそれらに先んじた情報収集など |
| ミドル（オフィス） | 業務手順の整備・改善や決裁の手配などフロントとバックを調整する部門の総称［営業管理部・業務管理部など］ | 購入・保有した有価証券についてのリスク量の算出およびそれらに先んじたストレスについてのシナリオ作成・情報収集など |
| バック（オフィス） | 顧客と直接やり取りしない内部事務などをこなす部門の総称［事務・総務・人事部など］ | 有価証券の購入・売却に伴う売買先との連絡や伝票（勘定）処理含む事務処理など |

　先に挙げたベアリングス銀行と同じように、同行でも、ⓐ電話などの売買（発注）、ⓑ損失（収支）の管理、ⓒ売買に伴う勘定処理の3つの役割を井口単独で行えたことが発覚を遅らせた原因と解されています。同支店に対する内部監査も何度も実施されていましたが、結果として不正行為を見つけることはできませんでした。

　このような事件の発覚を受けて、余資運用についての業務執行体制に、一定の分離と相互牽制が求められるようになりました。いわゆる"フロント・バック・ミドル"のことですが、この言葉や職務の分離あるいは分業の概念は、金融機関だけが使用しているわけではないため、念のため図表2に整理しておきます。

## ■リスク管理部門でリスク量を試算

　ごく簡単に言えば、一般の事業者では「（対外）顧客との接点の有

無」を主な区分けの指標としているのに対し、金融機関の余資運用では事務対応内容の分業化を区分けの指標としています。金融機関の場合、むしろバック（オフィス）が外部の業者などとやり取りすることで、フロント（オフィス）の不正行為などを牽制する効果をもたらすことを意図しているのです。

　また、金融機関のミドル（オフィス）では、様々なシナリオに沿って余資運用にストレスをかけ、それによってもたらされるリスク量の増減と決算に与える影響を試算します。そのため、「（市場）リスク管理部門」と呼ばれることもあります。こうしたシナリオのことを一般に、"リスク・シナリオ"と呼びます。

　試算したリスク量は、金融機関内部での利活用にとどまらず、月次・年次などの頻度で監督当局などにも報告されています。この報告によって監督当局は、立入検査を行わずデータを把握・更新できているわけで、「現地」や「現場」などを指す「オンサイト」ではない実態把握という意味で「オフサイトモニタリング」と呼ばれます。

　また、送付するデータを「オフサイトモニタリング・データ」と呼びます。監督当局は、こうしたデータによって金融機関の課題についての数字に裏づけられた仮説を構築したうえで、立入検査などに着手しているのです。

　金余り状態が長期にわたる中で、金融機関の余裕資金がなお増大傾向にあるため、それに伴って取得する市場リスク量も増大を余儀なくされています。監督当局側もそうした実情を当然に理解し、注視もしていると理解しておく必要があります。

# Q03 金利リスクに関する規制が強化されたと聞いたけど…

**A** 経済のグローバル化により、世界規模の金融危機発生リスクも高まりました。金融システム安定化のため、国際機関から金利リスク管理強化を含む規制強化が図られました。

　ヘッジファンドの空売りに端を発した1997年のタイバーツの暴落を契機に発生したアジア通貨危機は、世界のエネルギー需要の後退を招き、エネルギーの主要輸出国であったロシアの経済状態を急速に悪化させました。

　こうした中で、エネルギー需要を見越してロシアに投資していた外国資本の撤退がさらに経済を悪化させた結果、1998年8月にロシア政府およびロシア中央銀行は、対外債務の90日間支払停止を発表しました。それに伴って、ルーブルや株式などが大幅に下落し、外国への資本移動が加速しました。いわゆる、ロシア財政危機と言われる出来事です。

　この影響は、ロシア国内や旧ソ連時代から結びつきの強い周辺諸国にとどまらず、西側諸国にも及び、損失を被った英国のバークレイズ銀行の株価が大幅に下落しました。また、最盛期の運用総額が約1,000億ドルに達していた米国の巨大ヘッジファンドであったロングターム・キャピタル・マネジメント（LTCM）も破綻しました。

## グローバル化によりリスク顕在化の影響が大

　それから10年も経たない2007年には、米国での住宅バブル崩壊を契機に、いわゆるサブプライム住宅ローン危機がもたらされました（序章Q11にも記載）。翌年9月15日には、米国の大手金融機関であるリーマン・ブラザーズが連邦倒産法11条の適用を連邦裁判所に申請し、負債総

額約6,000億ドルという米国市場最大の企業倒産に至ります。

　これに伴う世界的な規模の金融危機が、いわゆるリーマンショックです。資産価値が下落したリスクの主な中核要因は、米国経済に対する信用リスク（より正確に言うと、米国合衆国議会および連邦政府の対策の遅れ）でした。こうしたリスクを「市場性信用リスク」と呼ぶことがあります。

　わが国でも、リーマン・ブラザーズの連邦倒産法適用申請直前の9月12日の日経平均株価の終値が1万2,214.76円であったところ、10月28日には一時6,994.90円に、10月末の終値は8,576.98円にというように、短期間に相場が著しく下落しました。また、米国の国債や株式などに投資していた機関投資家が損失を被り、大和生命保険が経営破綻に至りました。

　米ドルの下落が進み、円高となったことから、損失は機関投資家だけにとどまらず、米国経済への依存度が高い製造業などの輸出産業にも広がりました。リスクの観点で言えば、こうした現象は為替リスクの顕在化にほかなりません。大手製造業者の外注（下請）先などが大きな影響を被り、労働契約を更新しない雇止めや契約期間中にもかかわらず契約を打ち切る派遣切りが横行する中で、全国で20万人以上が対象になったと言われます。

　派遣切りを受けた人たちへの支援のため、2008年12月31日から翌年1月5日まで日比谷公園に年越し派遣村が開村され、社会的にも大きな話題になりました。2009年4月には、離職した日系人を対象とした帰国支援事業が政府によって打ち出されたため、在留ブラジル人は、リーマンショック前であった2007年の約31万3,000人から2014年には約17万5,000人に4割以上減少しました。愛知県など生産拠点の集積地域では、派遣などの非正規労働者向けのアパートなど収益物件が多数建設・利用されていましたが、このときに一気に空室化したことで、物件に融資してい

### 図表3　バーゼル銀行監督委員会の最終文書による規制強化

| | | 2004年ガイドライン | 2016年最終文書 |
|---|---|---|---|
| 金利シナリオ | 形態 | 2種<br>（上下の平行移動） | 6種<br>（上下の平行移動、傾斜化・平坦化、短期金利上昇・低下） |
| | 実施幅 | 2％または<br>過去5年の1％／99％タイル値 | 日本円1％、米国ドル・ユーロ2％など通貨ごとに設定 |
| 監督上の基準値<br>（アウトライヤー比率） | | Tier I（基本的項目）＋Tier II（補完的項目）の20％ | Tier I（基本的項目）の15％<br>※各国が追加的基準を設定可能 |
| 監督上の対応 | | ・上記基準値を超えた金融機関の自己資本の充実度に対し特に注意を払わなければならない<br>・金融機関が金利リスク水準に見合った資本を有していないと判断される場合には、①リスクの削減、②資本増強、または③両者の組合わせを求める是正措置を検討すべき | ・監督上の基準値を超えた金融機関が、過大な金利リスクを抱えていないか、監督当局がレビューを実施<br>・レビュー結果を踏まえ、金利リスクの取得実態やリスク管理等に問題が認められる場合には、少なくとも次のうちの1つの措置をとるよう求めなければならない。①リスクの削減、②資本増強、③内部モデルのパラメータ制限、④リスク管理向上 |
| 開示内容 | 定性的 | リスク管理方針等 | 同左 |
| | 定量的 | 経済価値または期間収益の変動額 | ・6シナリオごとの経済価値と期間収益の変動額をTier I額と対比<br>・コア預金の平均・最長満期 |

た地域金融機関にも大きな影響を与えました。

　前述したLTCMには、邦銀を含む金融機関のほか、外国政府の投資公社や国営年金基金も出資していました。このため、LTCM破綻の影響も広域にもたらされる形となりました。

　このような例からも明らかなように、経済のグローバル化は、リスクが顕在化したときに、幅広く大きな影響をもたらす一面が認められます。

## 金融危機の再発防止を目的に規制が強化

　近年は、少子高齢化が認められる先進諸国をはじめとして、世界的な低金利が認められます。金利が上昇すると、融資や有価証券などの資産から預金などの負債を差し引いた資本分の経済価値が下落します。その一方で、貸借・負債のバランスから得られる金利収益が増加して資本が増加します。

　もちろん個別の金融機関によって差異はありますが、金融機関が持つ固定金利型融資や国債など資産の満期は、定期預金など負債の満期よりも長いことが平均的です（固定金利型融資なら5年程度、国債なら10年ものなどが多いのに対し、定期預金では1年ものが多いことが連想できると思われる）。言い換えれば、そもそも金利リスク量は資産のほうが多くなっているわけです。

　世界的な低金利ゆえ、仮に景気がさらに低迷しても、各国の金融当局や中央銀行が金利を低下させられる幅は、いずれも狭くなっています。低金利を歓迎する融資の利用者や債券の発行体は、固定金利での調達期間を長期化させたいと希望するようになり、資産と負債のミスマッチの拡大傾向に拍車をかけるようになっています。

　こうした中で、国際金融市場を安定化するための国際機関であるバーゼル銀行監督委員会は、増大する金利リスクを踏まえた金融危機の再発防止を目的に、2016年4月21日に銀行勘定の金利リスク（IRRBB）の取扱方法を公表しました（図表3）。

　この取扱方法は、2018年から適用されています。従来の取扱方法に比べ、「金利上昇時のシナリオが細かく・かけるストレスが大きく・注視の基準値が厳しく」なり、金融危機の発生予防に重点が置かれた内容となっています。

## Q 04 デリバティブ取引と 市場リスク管理の関係は？

**A** 金利リスクの低減には、金利スワップの仕組みが有効です。元本や元金のやり取りをせずに、利息（キャッシュフロー）を交換する取引で済みます。

　片仮名や英語で表記されるデリバティブ取引については、難解な印象や苦手意識を抱いている人が珍しくありません。ここでは、市場リスク管理に関わる中核部分に絞ってごく簡単に説明します。

　英語の「派生」を語源とするデリバティブの取引では、元本や元金のやり取りをせず、利息などだけが交換されます。元本部分や元金部分が貸借対照表に掲載されないため、「オフバランス取引」と呼ばれることもあります。取引の主な目的は、金融商品にかかるリスクの低減や、それとは逆にリスクをさらに取得することによる利益の追求です。

### 金融機関の収支に関係するのは金利部分だけ

　序章のQ08の【ケース2】（29〜31ページに記載）と同じ状況で、金利リスクの調整について具体的に考えてみましょう。

【ケース】

　2021年4月1日に期間3年の定期預金を受け入れ、同日に期間1年の融資を実行したとします。両者の金額は同額で、金利はいずれも固定型です。預金の金利は年0.20％、融資の金利は年0.35％でした。

　その後の金融市場の動向は、期間1年・期間3年ともに金利が年0.10％ずつ低下していきました。こうした動きの中で、資金不足者は、融資の返済期日に、当初と同様の期間1年の融資を同額継続するよう希望し、2回にわたって融資を受けました。この結果、2023年4月から

は、預金の金利が融資の金利を上回る"逆ざや"状態になりました。

　説明を簡略化するために、税込みの表示、かつ市場で実際に取引されていない交換形態などを含みます。また、事務手続相違や返済延滞は発生しておらず、融資事務手数料なども考慮しないこととします。

## 【利息計算】

　2021年4月に期間3年・金利年0.2％の定期預金を1万円受け入れた場合、3年後の払戻金額は、「10,000円×0.2％×3年＝60円の利息」と元本の合計1万60円となります。

　1万円の融資を期間1年で実行後2度延長し、当初年0.35％が1年ごとに0.10％低下すれば、2023年4月から逆ざやになります。3年後までに融資によって受け取れる金額は、「(10,000円×0.35％×1年) ＋ (10,000円×0.25％×1年) ＋ (10,000円×0.15％×1年)＝75円の利息」と元金の合計1万75円になります。

　融資実行後に金利が変動せず、2021年当初の融資金利である年0.35％がそのまま継続すれば、受け取れる利息は、「10,000円×0.35％×3年＝105円」です。実際の受取利息である75円との差額の30円が、金利リスクの顕在化に伴う損失部分に該当します。

　少々ややこしいですが、融資の返済時に受け取る元金の1万円は、継続するときにそのまま（再）融資に回していますし、3回目の融資の満期時に受領した後には預金者に払い戻しています。

　すなわち結果として、預金の元本や融資の元金については、顧客との取引時に顧客の間を行き来しているに過ぎません。返済不能とならない限り、金融機関自体の収支には関係することはないのです。

　つまるところ、契約どおりの取引時に金融機関の収支に関係するのは、あくまでも預金や融資の金利部分だけであり、例示した元本・元金の1万円は事業のための道具のような位置づけです。レンタル店のDVDやCDのようなものと考えれば分かりやすいのではないでしょうか。

## 図表4　預金受入れ・融資実行に伴う利息の動き

〈金利に着目した言い換え〉

期間３年の定期預金の受入れ　⇒　期間３年の固定金利の支払い

期間１年の融資の実行×３回　⇒　期間１年の変動金利の受入れ
　　　　　　　　　　　　　　　　　（３段階の金利適用）

〈利息のやり取りの関係性〉

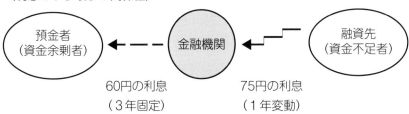

## 金利リスクには正反対の取引が有効⁉

　金利リスクの顕在化に伴う逆ざやをなくすためには、預金と融資の満期までの期間を揃えてしまうことが有効です。期間３年の定期預金を受け入れた際に、まったく同じ期間３年の融資を実行すれば、実行後に相場がどう変動しようが、３年後の収益は確定します。

　しかし、１万円の預金の受入れと同時に１万円の融資を実行すれば、手元にはもう貸し出す原資がなくなります。期間３年の預金受入れと同日の期間１年の融資実行からわずかに遅れて「期間３年の融資を利用したい」という顧客がいても、原資がなければ応諾できず、地団駄を踏む思いになることでしょう。

　改めて、利息のやり取りだけに注目して整理してみます。利息の観点で言えば、預金受入れは「期間３年の固定金利の支払い」、融資実行は「期間１年の変動金利の受入れ（３段階の金利適用）」となり、金融機関は間接金融を通じて２人の顧客との間でおのおのの利息をやり取りしていることになります（**図表4**）。

　金利リスクの顕在化に伴う逆ざやは、預金の「期間３年」と融資の

「期間１年」といった満期の違いによってもたらされたと言えます。逆ざやを引き起こす金利リスクを相殺する（消し込む）には、どうしたらいいでしょうか。それには、正反対の取引が有効と考えられます。具体的には、期間１年の定期預金１万円を受け入れて満期到来時に２回書き換え、この預金の受入時に期間３年の融資１万円を実行するということです。

## 異なる金利同士のキャッシュフローを交換

　しかし、そう都合よく、正反対の取引をしてくれる２人の顧客が新たに見つかるわけはありません。たとえ見つかったとしても、条件に完全に合致した取引をしてくれるとも限りません。このため、「金利リスクを調整する手段は一切ないのか」「万事休すか」と諦めそうになりますが、実は利息のやり取りだけを行う余地があります。それが、デリバティブ取引のうちの「金利スワップ」と呼ばれる取引です。

　金利スワップとは、ご存じのとおり、同一の通貨で異なる種類の金利（例えば固定金利と変動金利）を取引の当事者間で交換する（スワップする）取引です。一般的に、金利上昇リスクや金利低下リスクの軽減・回避率（ヘッジ）として利用されます。

　金利スワップでは、元本・元金交換を行わずに、金利部分のみ（金利に対する相当額＝利息）を当事者間で交換します。元本・元金をやり取りしないため、交換する金利部分を計算する際には「想定元本」を利用します。算出された金利部分は、一般的に「キャッシュフロー」と言われます。

　つまるところ、金利スワップは、異なる金利同士のキャッシュフローの交換にほかなりません。取引によって、実質的にキャッシュフローを交換すれば、金利リスクの調整に活用できる余地があるわけです。

　図表４で示したケースの金利リスクを消し込むには、理論上、期間３

## 図表5　金利スワップ取引の例

〈利息のやり取りの関係性〉

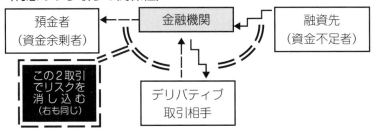

〈想定元本１万円〉
期間３年の固定金利の受入れ…定期預金のこと
期間１年の変動金利の支払い…融資のこと

年の固定金利を受け入れて、期間１年の変動金利を支払えばよいということになります。すなわち、想定元本１万円で、固定金利・変動金利のキャッシュフローの交換を行うことがリスクをなくすのです。

このような金利スワップの仕組みを利用すれば、わざわざ預金や融資の相手を探し出して正反対の取引をせずとも、金利リスクを消し込めるわけです。

ちなみに、金融機関で取り扱う金利スワップの実務は、変動金利で融資を受けている顧客が金利リスクの軽減のため固定金利の受入れ（キャッシュフロー交換）を希望する中で、これに応じて反対に固定金利を支払って変動金利を受け入れる契約を結ぶことがほとんどです。逆の取引で、固定金利の融資に対して変動金利を支払う契約は見かけません。

市場リスクの１つである為替リスクについても、同じような理屈で軽減策を説明できます。詳細は次項のQ05で解説します。

# Q 05 デリバティブ取引で 為替リスクも調整できるの？

 外貨建て預金の為替リスク調整には、ほかの金融機関で同等の外貨建て預金を行うことが有効です。一方、外貨建て融資の場合には、デリバティブ取引が活用できます。

　外貨建ての預金・融資などについては、金利リスクだけでなく、外国為替相場の変動に伴う為替リスクの取得を余儀なくされます。為替リスクについても調整策がいくつかあり、理論上、金利リスクと同じようにデリバティブ取引を活用することができます。

　説明を簡略化するため、税込みの表示、かつ適用為替相場は同一とします。また、市場で実際に取引されていない期間を含みます。さらに、事務手続相違や契約不履行はなく、説明を為替リスクに絞り込むため、金利や手数料も考慮せず、期日到来時には即座に日本円に交換（円転）するものとします。

　期間1年の米ドル建て定期預金を100ドル受け入れたケースで考えてみましょう。金利スワップ時の利息の交換と同じように、通貨の交換に注目して考えます。期間1年の米ドル建て定期預金の受入れは、米ドルの1年間の購入・保有と1年後の売却予約に該当します。

　米ドル建て定期預金を受け入れ続ければ、米ドルの保有が積み上がるばかりになります。為替リスクの観点で言えば、日本円に交換して払い戻す際の為替リスクが膨らみ続けるばかりとみることができます。

　こうした為替リスクを消し込む方策には、別の金融機関に米ドル建ての1年定期預金を預け入れてしまう手段が挙げられます。満期日以降にも、顧客からの継続希望などの要望内容と同一の内容をほかの金融機関との間で契約できれば、為替リスクを消し込むことができます。

## 図表6　為替スワップ取引の例

〈利息のやり取りの関係性〉

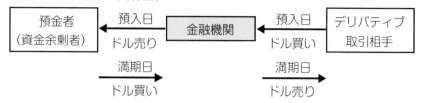

〈想定元本100ドル〉

　期近でドルを購入

　1年後にドルを売却

## 「米ドルの払い」と「日本円の受け」を行う

　その一方で、定期預金で受け入れた100ドルを資金不足者に外貨建て融資の形で実行した場合には、ほかの金融機関に預け入れる原資がなくなります。前項のQ04で述べた金利リスクの場合と同様に、預金と融資の期間が同一ならば為替リスクを消し込めますが、異なればリスクになります。ここでは、融資の期間とは一致しないものとし、受け入れた定期預金に限定してリスクの軽減を図ることとします。

　顧客から見た外貨定期預金の預け入れは、日本円を売って米ドルを買い、それをさらに金融機関に預け入れて1年後の満期日に払い戻してもらう契約です。満期日に米ドルを売り、日本円を買います。

　金融機関から見た外貨定期預金の受入れは、まったくその逆になりますので、日本円と引換えに米ドルを売って、それを預け入れたうえで1年後の満期日に払い戻す契約です。払戻時に、米ドルを買い戻して日本円を支払います。

　取得した為替リスクをデリバティブ取引によって消し込むには、自身が行う取引と反対の取引を行う必要があります。よって、この米ドル建て定期預金を受け入れた金融機関の場合には、デリバティブ取引相手と

の間で定期預金の受入時にドルを買い、満期日にドルを売る予約契約を締結すればよいのです（**図表6**）。

　為替スワップ（または通貨スワップ）には、①期近でドルを買って期先でそれを売る「買い／売りスワップ」、②期近でドルを売って期先でそれを買う「売り／買いスワップ」があります。よって、この例の場合には、①を締結するわけです。

　ここで説明したことは、前項のQ04と同じようにあくまでも理論上のものであり、実際の為替スワップでは、2国間の金利差に応じた直先スプレッド（外国為替市場における直物相場を先物相場との差）をやり取りします。したがって、実務とは異なりますが、デリバティブ取引が市場リスクの調整に活用できることを理解願います。

# Q06 日常業務で金利リスクを調整するにはどうすればいいの？

 資産・負債双方の形状に応じた金利満期を意識するとともに、顧客に対しても金利リスクの取得に伴う損害と利益の可能性を必要十分に説明することも重要です。

　本章のQ04で述べたとおり、預金取引や融資取引に伴って取得する金利リスクの調整方法には、反対取引を行う以外に、キャッシュフローだけを交換するデリバティブ取引も挙げられます。そうした調整策だけでなく、預金商品や融資商品を契約する段階でも、金利リスクの取得を意識して顧客に推奨したり自身で選択したりする余地があります。

　例えば、適用金利を固定・変動の双方から選択できる融資商品の取扱いが挙げられます。すぐに思い浮かぶのは、住宅ローンではないでしょうか。近年の住宅ローンには、単純な固定・変動金利のみならず、融資実行後の数年間に限って固定金利を適用する商品などがみられます。

　リスクの観点では、固定金利の期間が長ければ長いほど、取得する金利リスク量が増大します。逆に、短ければ短いほどリスク量は減少しますので、金融機関・資金不足者双方にとって実行当初からの変動金利型が最も金利リスクが少ないことになります。そう聞くと、双方にとって当初から変動金利型を選択することが最も望ましいように受け取れますが、本当にそうでしょうか。

　金利リスクには、損害だけでなく利益（プレミアム）をもたらす可能性もあります。リスクを消し込めば、プレミアムを得る機会も失うことになります。

　資金不足者にとっての損害は金利の上昇であり、利益は金利の低下です。住宅ローンの金利は、「金利更改期（金利変動周期）ごとの指標金

利＋信用度合に応じた上乗せ金利」により算出されることが一般的です。基準となる指標金利は、各金融機関で設定・運用されるプライムレートなどが適用されますが、昨今、そのプライムレートが長期にわたって据え置かれたままの金融機関が珍しくありません。

　その背景に、金融機関として設定・運用される金利がすでに"底"に張り付いている実情がみられます。1994年の金利自由化の完了後、1999年からはゼロ金利政策が、2001年からは量的緩和政策が、2010年からは包括的な金融緩和政策が実施されるなど、バブル経済崩壊後のわが国は、景気浮揚策を軸にした市場調整が図られ続けてきました。

　さらに、2016年1月にはマイナス金利付き量的・質的緩和（いわゆるマイナス金利政策）が導入されました。マイナス金利政策導入時に市場金利は下落しましたが、この際にもプライムレートを引き下げた金融機関ばかりではありませんでした。金利の決定は個別金融機関ごとに判断されますが、貸出金利にマイナスは適用できず、事務対応コストもすでに絞り込めるだけ絞り込んでいると判断されたためと思われます。

　よって、実際の住宅ローンに適用する金利の上昇・下落の可能性は数式で理論上算出されるように同一ではなく、現在のわが国の環境を踏まえれば下落する確率や可能性が低く、上昇する確率や可能性が高いと見込まざるを得ません。資金不足者にとっては、利益がもたらされる可能性が低く、損害がもたらされる可能性が高いわけです。

　それでは、固定期間をできるだけ長期間に設定したり、全期間固定を選択したりすればよいのかと言えば、それほど単純でもありません。住宅ローンなどに適用されている固定金利は、将来の金利上昇の可能性を見越して一定の金利リスク分が上乗せされているものの、そこまで金利が上昇しない可能性もあるからです。

　住宅ローン契約の締結・借入れ後に確かに金利は上昇しましたが、上乗せ幅には達せず、固定期間が終了して変動に移行した途端に適用金利

## 図表7　固定期間別融資商品と金利変動がもたらす損害・利益

| 商品 | 損害例 | 利益例 |
|------|--------|--------|
| 当初より変動タイプ | 短期金利が上昇 | 短期金利が下落（上昇したものの商品の金利リスク上乗せ分以内に収斂） |
| 3年後変動タイプ | 固定期間内に残存期間の金利が下落または借入金利ほど上昇せず金利リスク上乗せ分内の水準に収斂、3年後以降短期金利が上昇 | 固定期間内に残存期間の金利が借入金利を超えて上昇、3年後短期金利が下落 |
| 5年後変動タイプ | 固定期間内に残存期間の金利が下落または借入金利ほど上昇せず金利リスク上乗せ分内の水準に収斂、5年後以降短期金利が上昇 | 固定期間内に残存期間の金利が借入金利を超えて上昇、5年後短期金利が下落 |
| 全期間固定タイプ | 短期金利などが借入金利ほど上昇せず | 短期金利などが借入金利を超えて上昇 |

が上昇するかもしれません。当初より変動型の住宅ローンの場合であれば、金利が低下すればほどなくその恩恵に与れる可能性がありますが、全期間固定ではそうした利益を享受することはできません（**図表7**）。

　資金不足者の支払金利は金融機関の受取金利、資金不足者の支払利息は金融機関の受取利息にほかならず、利益は相反しています。したがって、顧客に対する商品・サービスの紹介・勧奨時には、金利リスク顕在化に伴う損害と利益の関係を必要十分に説明したうえで選択してもらうことが重要です。

**図表8　住宅ローンの金利変動周期の例**

| 種類・名称等 | 金利を変動させる仕組みの例 |
|---|---|
| 即連動 | 毎月の基準日の金利変動を捉え、その翌々月の約定日から後取りで新金利を適用する |
| 半年ごと見直し（年2回見直し） | 毎年3・9月または4・10月など半年ごとの基準日の金利変動を捉え、その3ヵ月後または半年後の約定日から後取りで新金利を適用する |
| 1年ごと見直し | 毎年10月など年1回の頻度で基準日の金利変動を捉え、その3ヵ月後または半年後の約定日から後取りで新金利を適用する |
| 5年ごと見直し | 上記の1年ごと見直しの頻度を期間5年に引き上げて実施する |

## 金利の変動頻度が高い商品を推奨すべき!?

　金融機関自身の金利リスクの調整策としては、調達と運用の満期を調整する対応が挙げられます。この場合には、「金利満期」に着目することがポイントになります。

　金利満期とは何かが分かりやすいように、具体例を挙げて解説します。例えば貸出期間が35年の変動金利型住宅ローンには、金融機関や商品によって金利変動周期にかなりの違いが認められます（図表8）。

　貸出期間が同じ35年であっても、即連動の場合に適用される金利は1ヵ月までであり、1ヵ月後には見直されます。たとえ金利が動かず、1ヵ月後も同じ金利のまま融資が続いた場合でも、それは満期後に適用される金利がたまたま同じであったからに過ぎません。こうした即連動の条件で言えば、金利満期は1ヵ月ということになります。

　半年・1年・5年ごと見直しについては、これらの名称がそのまま金利満期となります。もうお分かりだと思いますが、金利満期は、預金や融資の期間ではなく、同一の金利が適用される最長期間を意味する概念です。この期間が長いほど、金利リスクが大きくなります。

住宅金融支援機構のフラット35などを含め、近時の金融機関で取り扱う住宅ローンは非常に種類が多く、変動周期すなわち金利満期までの種類も多岐にわたります。こうした中で、「できるだけ金利の変動頻度が高い商品を推奨すべき」「リスク管理強化のため、まずもって即連動型の契約を目指す」等の言動がみられます。一見すると、それによって金利リスクを縮減させられそうですが、果たしてそうでしょうか。

## 資金調達側・運用側双方の金利満期の中身を対比

　本章のQ04で挙げたケースの金利リスクは、「預金の期間が3年に対し融資の期間が1年」という満期の差異によってもたらされました。預金と融資の満期を統一すれば金利リスクを消し込めますが、それができなかったことによってもたらされたリスクと言えます。

　したがって、例えば即連動型の融資の金利満期は1ヵ月ですので、これと期間を揃えた金利満期が1ヵ月の預金を受け入れることが金利リスクの縮減に有効ということになりす。

　その一方で、実態としては、資金調達の中心を1年満期の定期預金が占めている地域・中小金融機関が珍しくなく、1ヵ月満期の定期預金を取り扱っている金融機関は例外的です。また、1ヵ月ごとに変動する変動金利型の定期預金を取り扱っている金融機関もない模様です。よって、資金調達側の平均像を踏まえて満期を統一するのであれば、融資商品の金利変動周期は1年ごと見直しが最もよく整合するわけで、即連動型では噛み合わないのです。

　したがって実務上では、これまで積み上げてきた資金調達側・運用側双方の金利満期の中身を対比し、できるだけ期間を揃えていくことが金利リスクの調整に寄与します。

　これを機会に、預金や融資にあたっては、金利リスクの調整を意識し、資金調達・運用の金利満期を注視してみてください。

# 第3章

# オペレーショナル・リスク管理の仕組みを理解しよう

# Q01 法人取引のオペリスクは どう管理されているの？

**A** 　反社会的勢力については反社データベースの活用、契約についてはリーガル・チェック、詐欺などについては他者との情報共有と三様監査機能の活用が一般的です。

　適切なリスク管理策を実施しなければ金融機関の安定経営は継続できない一方で、実行には人手や費用を要し、経営資源には限りがあります。よって実務上では、オペレーショナル・リスク（オペリスク）についてもほかのリスクと同じように顕在化時の影響を鑑み、大きな損害をもたらす可能性のある事柄を想定・推計し、それらを優先抽出のうえで防止・抑止を図る施策が講じられることが平均的です。

　こうした想定・推計を「リスク・アセスメント（risk assessment）」と呼ぶこともあります。

　日本全体の法人数に含まれる中小企業・小規模事業者の割合は約99.7％（平成28年経済センサス—活動調査）となっており、大企業数は極めて少ないと言えます。知名度の高い大企業に関わる数値は、あくまでも例外値に過ぎません。国内の銀行勘定でも、2020年の法人向け貸出件数のうち99.8％（日本銀行「貸出先別貸出金」）を中小企業向け貸出が占めています。

　したがって、情報公開などが必ずしも十分ではなく、活動実態や実質的支配者などの把握が必要になることも念頭に置いて、法人（大部分が中小企業・小規模事業者）と注意深く接する必要があります。この際に、特に留意しなければならないオペレーショナル・リスクは、以下の3点になります。

ⓐ反社会的勢力に関わるオペレーショナル・リスク

## 図表1　金融検査マニュアルで記されている反社対策への対応手順

※以下のような手順を実施し、漏れなく円滑に対応する

(1) 対応方針や（内部）コンプライアンス・マニュアル等の基本ルール
を作成し、内容更新（整備）を図る

(2) 取締役会が個々の取引状況を考慮しつつ、組織的に対応するための
態勢を整備する

(3) 担当部門に求められる役割に沿って、行員・職員が適切に対応する

(4) 法令違反などが発生した際には、発生部門から独立した部門によっ
て責任の明確化・追求や再発防止策の構築・実施・徹底を図る

ⓑ契約に関わるオペレーショナル・リスク

ⓒ詐欺に関わるオペレーショナル・リスク

　以下で、ⓐ〜ⓒそれぞれの背景や基本的な取組みについて、具体的に
見ていきましょう。

## ■ 反社データベースで確認・照会する取組みが一般的

### ⓐ反社会的勢力に関わるオペレーショナル・リスク

　反社会的勢力に対する注意を理解する手がかりとして、2019年12月18
日に廃止された金融検査マニュアル（以下、マニュアル）が挙げられま
す。「リスク管理等編」のうち、「Ⅲ．個別の問題点」において「反社会
的勢力」の記載がみられます。この事実からも、監督当局が反社会的勢
力との取引をリスク管理上の課題・問題点として捉えていることがうか
がえます。

　マニュアルの項目立ては、金融機関に体系的な対応を求めたものと
なっています。図表1のように反社会的勢力対策の対応手順を明確に示
したうえで、注釈部分には、金融機関本体のみならずグループ会社、さ

らにはグループ外の他社との提携までが例示・言及されています。

　2013年9月に発覚した大手銀行での反社会的勢力への融資事件は、社会的な批判を浴びました。事件の中核部分は、自動車ローンを介した反社会的勢力への融資であり、「（銀行自身ではなく）外部保証機関が審査を行い、銀行はその審査結果に従って資金を融通する」という仕組みのキャプティブローン（提携ローン）を悪用した事件でした。

　事件の発覚当初は、その目新しさが金融実務者などの注目を集めましたが、ほどなくそれ以上に監督当局の厳しい姿勢がインパクトを伴って受け止められました。監督当局の対応について、「たとえ金額や件数がわずかで例外的な事件でも、反社会的勢力との取引については厳罰で臨む」というイメージが世間一般に浸透もしたのです。

　問題となった融資のスキームでは、契約時に対面しているのは信販会社だけであり、銀行にとっては直接の対面ではなく書面上の審査にとどまっていたことも、監督当局から問題視されました。

　この大手銀行だけに限らず、かねてより自動車ローンの審査に対する甘さが問題視されていたところ、最も注意しなければならない融資手続き・与信判断を事実上信販会社任せとしていたことが、結果として反社会的勢力を含むなりすましや目的外融資を招いたという課題認識です。

　マニュアルの「リスク管理等編」には、反社会的勢力にも直接言及されています。例えば、「オペレーショナル・リスク管理態勢の確認検査用チェックリスト」にある**図表2**のような、外部委託先を選定するときの反社会的勢力との関係の有無を問うものです。

　実際のリスク管理においては、特に法人との新規取引時に、㋐反社会的勢力とのつながりや、㋑事業としての活動実態の有無、を確認することを重視しています。㋐については、暴力団のフロント企業のほか、内縁関係を含む配偶者などが経営あるいは所有する法人などが問題となることがあります。㋑については、「事務所に行ってみたら"もぬけの

## 図表2　オペリスク管理態勢の確認検査用チェックリストの記載

| |
|---|
| **Ⅲ．個別の問題点** |
| 3．外部委託業務のオペレーショナル・リスク管理<br>　①【外部委託先の選定】<br>　　金融機関のレピュテーション等の観点［注釈11］から問題ないか。<br>　　［注釈11　例えば、外部委託先と反社会勢力との関係の有無などを含む］ |

※外部委託管理において同義の記載事項あり

殻"だった」事象がみられます。

　金融機関において法人融資の新規開拓活動が積極的に推進される中にあっては、行員・職員などが反社会的勢力に関係する先と分からずに、取引を勧奨するリスクも自ずと高まってきます。

　実務上では、反社会的勢力との取引を排除する目的で、取引に先立って反社会的勢力に関係するデータベース（以下、反社データベース）で対象先を確認・照会する取組みが一般的です。役席者など一定の職位以上の行員・職員に、反社データベースへのアクセス権限を与える取扱いが標準的になっています。

　裏返せば、反社会的勢力に関わるオペレーショナル・リスクについては、内部ルールに沿った反社データベースの確認・照会が不十分な際などに、反社会的勢力と取引を開始あるいは応諾する可能性が高まるというわけです。反社データベースが更新されるまでの間に、暴力団の構成員が新たに加わる事象などもみられるため、報道機関からの報道内容を注視することにも留意願います。


## 契約オペリスク対策にはリーガル・チェック
### ⓑ契約に関わるオペレーショナル・リスク

　金融実務上では、各種契約時に、金銭消費貸借契約証書などを金融機関の制定様式ではなく、別の契約書様式で締結することもあります。シ

ンジケートローンなどの協調型を含め、複数の金融機関が参加するスキームが複雑な融資も増える中で、別の様式での契約が増える傾向もみられます。

　金融機関にとっては、契約に伴うオペレーショナル・リスクに直結しますので、審査部門・法務部門を中心とした契約内容の確認、いわゆるリーガル・チェックが欠かせません。こうした中で、契約書に記載された表現の違いを含む文言の変更・修正を巡って、担当者が顧客と本部間のやり取りに追われる一面などがみられます。

◎詐欺に関わるオペレーショナル・リスク

　金融機関が相手先法人内の詐欺行為に巻き込まれる事象が、このリスクの典型です。

　法人には規模が大きくなればなるほど・公的性格が強くなればなるほど、体制の専門化や縦割りの傾向が強くなる実情がみられます。大企業では、たとえ金融機関の担当者が足繁く通っていても、実際の面談相手が経理など金融機関窓口の担当者に限られることが珍しくありません。

　別の視点では、特に小規模事業者に「資金繰り実態≒信用状況≒事業の存続」の関係がみられるため、金融取引の窓口を実権者やその親族に絞り、他者に関わらないことが標準的でもあります。

　こうした中で、比較的規模の大きな法人内で内部監査を掻い潜って実行される詐欺や、小規模事業者での粉飾決算に巻き込まれる事象などがままみられます。金融機関側の脆弱な体制を突かれたり担当者の弱い心を見透かされたりして、悪意ある甘い誘いに抗し切れずに引きずり込まれ、共犯関係に至ることもあります。

　防止・抑止のカギは、都合の悪い事実ほど早期に上席者や同僚と共有することです。実務上では、第4章で述べる三様監査の機能活用による検証をもって牽制を図っています。

Q
02

# 個人取引のオペリスクは どう管理されているの？

非常に多くの取引件数があるため、想定される損害規模に応じた管理を実施します。反社や契約、詐欺のリスクのほか、個人情報、マネロン等にも注意が求められます。

　公共料金の口座振替に代表されるように、預金取引は社会生活と事実上不可分の関係にあります。このため、各金融機関の取引顧客を個人・法人に区分すると、普通預金口座保有者をはじめとする個人の取引先数が、法人の取引先数を大きく上回ることが標準的です。

　金融実務は大手製造業者のようなオートメーション化が難しく、人（＝行員・職員）の"手"や"眼"を介した確認事務を経て金融機能を提供している実情が認められます。この確認過程での誤りは、典型的なオペレーショナル・リスクにほかなりません。上記のとおり圧倒的な取引先数の違いがあるため、結果として、個人取引のオペレーショナル・リスク量が法人取引のそれを上回ることになります。

　その一方で、経営資源には限りがあるため、個人取引についても、オペレーショナル・リスクのうちから大きな損害をもたらす可能性のある事柄を想定・推計し、それらを優先抽出して防止・抑止を図ることは法人取引と変わりません。ただし、リスク量は法人取引を上回るので、個人取引のオペレーショナル・リスク管理は法人取引以上にしっかりとした対応が求められるわけです。

　個人取引のオペレーショナル・リスク管理でも、反社会的勢力や契約、詐欺のリスクに対する対策が求められます。そのほかの着眼点として、ここでは⒜個人情報と⒝マネー・ローンダリング等を挙げて、一般的なリスク管理について紹介します。

## 図表3　渉外担当者の訪問先の内訳イメージ

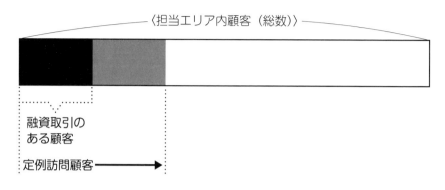

個別に詳しくみる前に、近年のオペレーショナル・リスク管理においてネックとなっている厄介な概況について触れます。

## ▮ 渉外担当者が顧客を何でも知っているわけではない!?

近年、金融機関の主要な収入源の１つである利ざやが低下する中で、各営業店への配置人員が絞り込まれている状況が珍しくありません。そのため、個々の渉外担当者の担当エリアを広げたり、店舗統廃合に伴って店舗から担当エリアまでの移動距離を伸ばしたりする事態がみられます。以前に比べて、各渉外担当者にかかる活動負担は増大しているわけです。実態として、担当者個々人のオペレーショナル・リスク量が増大しているとも言えます。

個人世帯は、少子高齢化・核家族化・共働き世帯比率の上昇を背景に昼時間帯の在宅率が低下し続けており、その影響で渉外担当者の訪問・面談比率は総じて低く、定期的に訪問・面談できている顧客の割合はさらに少なくなっています（図表３）。もちろん金融機関・営業店・担当者による差異は大きいのですが、全般的傾向と認識してください。

こうした現状にありますので、出店から相応の期間が経過した営業店であればなおさら、顔と名前が一致する取引顧客が半数に満たないこと

でしょう。実態としては、「担当エリア内のことであれば、渉外担当者が何でも知っている」状態にはなってはいないのです。

## "眼"を変えた確認が個人情報流出リスクを抑止

### ⓐ個人情報に関するオペレーショナル・リスク

特に地方部では、一部の地域や集落で同姓の世帯が軒を連ねる状況が珍しくありません。また、近隣に暮らす親戚・遠戚などが、同一金融機関の同一店舗に預金口座を開設することも少なくありません。このような状況下の営業店では、同姓の名義口座を多く取り扱うことになり、同姓同名の個人顧客も少なくありません。

こうした背景が認められる中で、ちょっとした手違いやわずかな行き違いなどによって、個人情報の流出というオペレーショナル・リスクの顕在化事象に至ることもあります。

例えば、同姓同名の顧客を取り違えてしまい、本人の個人情報ではなく別人の情報を交付・開示してしまうなどの誤った事務処理が行われる可能性があります。個人の金融資産や取引は典型的な個人情報に該当するため、本人の許諾なしに取引の中身などを第三者に開示してしまえば、問答無用で個人情報の漏洩に該当します。それに伴う苦情やトラブルは、典型的な二次リスクの顕在化事象に当たります。

また、長期にわたって近隣に居住・生活している人たちは印章を購入する印章店や文房具店などの重複可能性も高い実情が認められます。よって、個人顧客たちが金融機関の店舗に届け出る印影が同一もしくはとても似ている事象に至ることもあります。このため、印鑑照合を潜り抜けてしまう可能性もあります。

これらを含め、実務上で悩む・迷う・疑問や不安を感じるようなことがあれば、"眼"（人）を変えた確認が基本になります。繁忙時などにこの複数人による確認を怠ったり手間を惜しんだりする事象が、往々にし

**図表4　マネロン等に対するリスクベース・アプローチ**

| 段階 | 主な内容 |
|---|---|
| リスクの評価 | 経営陣の関与の下で、取引内容等を全社的に調査・分析し、これらの結果を特定事業者作成書面に記載したうえで、必要に応じた見直し・更新を速やかに実施する |
| リスクに応じた取引時確認および顧客管理 | ・ハイリスク取引時…厳格な水準の顧客管理＋統括管理者の承認<br>・通常リスク取引時…確認項目＋確認・取引記録の精査［※通常の顧客管理］<br>・ローリスク取引時…確認項目に沿った簡便な顧客管理 |
| リスクに応じた疑わしい取引の届出 | 「疑わしい取引の有無」「取引記録や事業者のリスクの評価に沿った判断」「ハイリスク国家・地域との取引の有無」等に沿って判断し、監督当局に届出を行う |

てみられますが、こうした中でオペレーショナル・リスクが顕在化することが少なくありません。抑止や防止のためには、繁忙時にこそ行員・職員が互いに声をかけ合う確認が極めて大事です。

　また、個人情報を含む書類の紛失も、裁断時や廃棄時などに時折発生します。こうした事務対応も、複数の行員・職員による眼を変えた日常の確認をもって防止・抑止が図られています。これらが⒜に関するリスク管理になります。

## ■ リスクベース・アプローチや継続的顧客管理も
⒝マネー・ローンダリング等に関するオペレーショナル・リスク

　2019年に実施されたFATF（Financial Action Task Force「金融活動作業部会」）による第4次対日相互審査によって改めて注目されたのがマネー・ローンダリングおよびテロ資金供与（以下、マネロン等）への対策です。本件にまつわる不正・犯罪取引も、リスクの観点では、重要なオペレーショナル・リスクの1つに挙げられます。

　わが国の審査結果は三段階の中位の「重点フォローアップ」となりましたが、今後もマネロン等への対策が不十分であれば、結果として金融機関が不正・犯罪取引に加担しかねないことに緊張感が求められます。マネロン等に絡んだ事件への関与が露見すれば、法令違反をはじめ社会規範の欠如が取りざたされる中で評判や信頼を落とすだけでなく、監督当局による行政処分や顧客取引の喪失などを招きかねません。これらオペレーショナル・リスクの顕在化は、金融機関の経営において重大な損害もたらしかねないのです。

　マネロン等に巻き込まれないためには、法令で規定されている現場での取引時確認をはじめ、組織全体で取り組むリスクベース・アプローチ（**図表４**）、継続的顧客管理などの取組みをルール化し実施する必要があります。結果として、これらはオペレーショナル・リスクの低減にも有効な手段になります。

　しかしながらその一方で、金融機関が様々な対策を講じても、それを掻い潜る犯罪集団との間で"いたちごっこ"が展開され続けてもいます。こうした中で、対策の有効性を向上させるべく、金融機関の事務取扱方法が高頻度で更新を余儀なくもされています。よって営業店などでは、そうした更新動向の把握を含め所属金融機関のマニュアル・ルールに漏れなく従って取引ごとに対応することが求められます。

　ただし残念なことに、防止態勢の強化に伴って取引時に一見顧客の要望に即座に応じられなかったり、既存顧客に事務負担をさらに求めざるを得ないなどの一面も認められます。実務上では、こうした実情が別のオペレーショナル・リスクをもたらすことがあります。

　対応を間違えれば顧客の不満にとどまらず、金融機関全体に対する不信につながりかねません。これらの副次元的な派生事象も含めて、ⓑに関する管理になります。

# Q 03 オペリスク管理が十分に機能しない原因と対策は？

**A** 対策を教育・訓練や机上論に終始させ、不適切な事務取扱いの防止ばかりに注力している実態がみられます。上席者にも注視し、情報交換を強化することが必要です。

　問題提起を通じて現行の管理態勢を検証してもらう意図で、ここではあえて厳しい内容を含めて記述します。

　顧客にとって「命の次に大事」とも言われる金融財産を直接取り扱う行員・職員には、高い職業倫理を求めざるを得ません。それゆえに、全行員・職員を対象とした法令等遵守徹底のための教育・訓練計画が策定され、反復・継続的に研修や勉強会等が実施されています。

　しかしながら、その内容は「法令等やそれに則った内部ルールの新設・改正」「近時の動向」「心構え」などばかりに終始し、文字どおりの机上論ばかりになっている実情の金融機関もみられます。言い換えれば、リスク管理強化のための技術指導や、要領・マニュアル等の具体的記載内容にかかる解説は、まったくなかったり後手に回ったりする金融機関が珍しくありません。

　加えて、「システム上のセキュリティホール」「具体的な脆弱箇所を補完するための次善策や着眼点」なども管理者に十分に周知されず、結果として実践的な対策知識が修得されない一面もみられます。

　こうした背景の下で、営業店に所属する行員・職員による不正行為や金融犯罪など不祥事件が断続的に発生する一面が認められます。

## 犯意だけでは不正行為は遂行できない

　不正行為や不祥事件は、文字どおり職場（就業場所）で実行されま

す。これらを防止するには、当然のことながら日常業務を遂行しながら
目を光らせなければなりません。

　その一方で、事態を複雑にしているのは、そのほかのオペレーショナ
ル・リスクの顕在化です。ごく簡単に言えば事務ミスなのですが、程度
の差こそあれ、どこの営業店でも犯意のない事務ミスが相当数発生する
中で、その事後対応や再発防止策などに追われる実情が認められます。
こうした事務ミスが少なくないため、かさむ事務負担の中で、例外的な
件数や割合に過ぎない不正行為や不祥事件が埋もれる形で見過ごされて
しまうのです。

　別の視点では、金融犯罪には犯意だけでなく「どこに盲点があるの
か」「どんな方法で実行しどう覆い隠すか」などの技術を必要としま
す。もちろんそんな技術は研修などで教えるわけはありませんから、
様々な業務を経験する中で自ら気付きます。このため、就職から日が浅
い行員・職員は金融犯罪の技術を持ち合わせていません。

　実際の傾向では、取り締まる側の役席者や営業店長などが不正行為や
不祥事件の実行者となることがほとんどです。本来疑うべきはベテラン
や優績者であっても、ビギナーへの確認に注力しているわけです。どち
らかと言えば取り締まる側と言える人の悪意を疑わなければ、そこに隙
が生まれます。

　さらに、近年、担当業務の専門化が進む一方で、役席者などの人員を
絞り込まれざるを得なくもなっています。この結果、役席者などのロー
テーションが固定化しがちなことも管理の死角をもたらします。例えば
融資窓口の役席者が異動後の店舗でも融資窓口の担当になったり、渉外
の役席者が次の店舗でも渉外の役席者となったりするような事象です。

　オペレーショナル・リスク管理においては、相互牽制機能の発揮が重
要となりますが、実際のところ、相手方の業務の中身、すなわち「相手
方がどんな業務を担っているのか」「業務上、注意すべき箇所はどこ

**図表５　業務遂行時の主なオペレーショナル・リスク管理**

| ⓐ事務取扱相違・不適切な事務取扱い・不正行為等防止 | ⓑ情報流出・漏洩防止 |
|---|---|
| ◎店内ローテーション等を介した能力開発による確認者の養成<br>◎（複数対応を含む）上席者ほか第三者による確認の実施<br>◎三様監査と連携した店内検査の実施 | ◎所属部店・職位別の「情報へのアクセス権限」付与<br>◎（複数対応を含む）上席者ほか第三者による確認の実施<br>◎事務・システム部門によるシステムを介した確認の実施 |

か」を知らなければ注視のしようがありません。営業店での業務遂行時のオペレーショナル・リスク管理は、これまで述べた事務取扱相違・不正行為・不祥事件等防止に加え、情報流出・情報漏洩の防止を主な対象としています（**図表５**）。これらはすべて、実際の事務取扱方法を熟知しなければ機能しません。固定化したローテーションは良く言えば専門性を高められますが、ほかの業務の実務習得だけでなく視野や発想も狭めかねません。

## 融資等の信用リスク管理と同等の意識が必要

　上席者などの人事ローテーションが固定化され、通常業務遂行時のオペレーショナル・リスク管理水準がなかなか引き上げられない背景には、人材面や費用面だけでなく、問題意識の希薄さがあると考えます。つまるところ、日頃から、オペレーショナル・リスク顕在化時のリスク量が意識される機会が少ないことも影響しているのです。

　預貸金や余資運用の動向に伴って変動する信用リスクや市場リスクについては、リスク管理委員会等でフレキシブルに管理方針が見直されます。その都度、リスク量の増減を否応なしに意識せざるを得ません。

　その一方で、オペレーショナル・リスクについては、「粗利益に15％を乗じて得た額の直近３年間の平均値」である基礎的手法が多くの金融機関で採用されており、事実上の標準手法となっています。この手法のリスク量算出・更新頻度は年次のため、数値が１年間動かず、ほかのリスクに比べてどうしても意識・関心が遠のくようになります。

　不祥事件をはじめとしたオペレーショナル・リスクを管理するうえでは、融資等の信用リスク管理と同等の意識が必要と考えます。

　融資審査時に最重要視する材料の１つに「他金融機関がどう見て・どう判断しているか」が挙げられます。複数の金融機関から融資を受けている先に対して、ほかの金融機関の取引動向に神経を尖らせ、急激な残高変動などを知った時点で即座に事実確認を行うことが典型的です。場合によっては、「融資残高減≒信用不安発生の兆候」と判断し、融資の引上交渉の契機とすることも珍しくありません。

　その一方で、銀行・信用金庫・農協など業態が異なるケースを含め、不祥事件があっても融資ほど神経を尖らせるばかりではありません。本来は、“他山の石”ではなく、“わが身のこと”という肌感覚が必要です。

　合わせて、「正確な事務処理の遂行」と「オペレーショナル・リスク防止・抑止」が実務として結びつく状況を作り上げる必要もあります。しかしながら、この点に関する取組みも必ずしも十分ではありません。

　さらに、外部業務委託が増える中にあって、委託先に対する管理水準にも相当な差異が生じています。大手地方銀行などで、実際に委託先が事故を引き起こした事象もみられています。

　管理水準の引上げには、ほかの金融機関との情報交換も有効です。実情としては、共通するシステムベンダーなどを介したシステム利用の意見交換が行われているようです。こうした取組みにも、管理水準を引き上げるヒントがあるのではないでしょうか。

# 第 4 章

# リスク管理水準を
# 高める有効な方法

# Q 01 日常の顧客対応時には 何を意識すればいいの？

 顧客の異変を察知する力をつけて、信用リスクを強化します。預り資産等の取扱いでリスク吸収手法を説明したり、オペリスク低減のために説明を工夫したりします。

　信用リスクの担い手として、信用創造を通じた地域経済社会の発展に資することは、金融機関の社会的使命です。したがって、それを果たすために市場リスクを調整し、オペレーショナル・リスクを抑制しながら健全な運営を継続することが求められます。

　いずれのリスクも顧客との取引に応じてもたらされ、変動し続けます。取引時などのわずかな創意工夫だけでもリスク管理水準を高度化できるため、常に見直しを図り続けることを意識するとよいでしょう。

## 丁寧に粘り強く紹介・説明し続ける

### ①信用リスク

　金融機関の各営業店で最も留意すべきは信用リスクの管理です。融資は金融機関の本業であり、融資に伴って信用リスクを取得することは避けられないからです。だからこそ、管理を強化して不測の事態の損害を食い止め、幅広い資金需要に応えられるようにしなければなりません。

　そもそも、当初から金融機関を欺こうとして取引を始める顧客は、顧客全体のうちの例外中の例外に過ぎません。ほぼすべての顧客は、融資の返済に尽力したものの、やむにやまれず延滞などに至っています。

　その一方で、事業や家計の状況が芳しくなくなった顧客の多くに、金融機関への相談を躊躇し、実情を隠そうとする動きがみられます。理由は簡単で、「金策に追われていることを説明したくない」という羞恥心

## 図表1 信用リスクを巡る顧客対応の留意点

| 切り口 | 留意事項等 |
|---|---|
| ⓐ先んじて話を（よく）聞く | 「金融機関は自分の都合・主張ばかり」等の先入観を「きちんと話を聞いてくれる」といった印象に変えるように行動し、信頼関係の礎とする |
| ⓑ実例を還元する | 当事者の事前了解を得たうえで、実例を還元して「本当に支援している」事実を周知・浸透させる |
| ⓒ日常支援を積み重ねる | 「業況が悪くなった途端に態度を急変させた」と認識されないよう、情報提供等を継続し満足度を引き上げる |
| ⓓ相談窓口等を開示し利用を勧奨する | 疑問や不安が生じた際の連絡先や「よくある質問」等の照会方法を解説し、積極的な利用を推奨して不安を和らげる |

とともに、「実情を伝えれば金融機関に融資を引き上げられかねない」と受け取られているからです。相談も何もない挙句、ある日突然、債務整理の受任通知が弁護士から金融機関に届き、そのときになって初めて金融機関が顧客の困窮ぶりを知ることになる事態もみられます。

　地域を問わず、わが国全体で「倒産・廃業・事業休止の件数＞創業・事業再開の件数」の図式がみられ、後継者難もあって事業者数の減少が問題視されています。こうしたマクロ経済単位の社会課題がみられる中で、金融機関にもそれを何とか食い止めることに協力するよう監督官庁からも再三にわたって指導がなされています。

　したがって、近時の金融機関の姿勢は、取引先が法人・個人のいずれかを問わず、資産状況や資金繰り実態だけを捉えて「良い先（だけ）に貸す／悪い先から（できるだけ早く）逃げる」ばかりというわけにはいかなくなっています。逆に、支援内容の広がりや深化を模索する中で、その成果を金融機関同士が競い合うようになっています。

　それにもかかわらず、なお多くの融資先に「金融機関に窮状を伝えれ

ばそれが倒産の引き金になりかねない」と認識されている背景に、次の２つの要因が認められます。

①過去の一律かつ安直な対応が社会全般の心証に深く刻まれていること
②方針転換後の現在の取組実態が十分に浸透してないこと

それゆえに、日常から前ページの**図表１**のような留意点に沿って、顧客を通じた社会全般への認知を図る姿勢が重要です。「晴れた日に傘を差し出すくせに、いざ雨が降ると傘を引っ込める」「他人の褌で相撲を取る」と揶揄される金融機関は、決して社会から好かれるばかりの存在ではないことを自覚したうえで、丁寧に粘り強く紹介・説明し続けるとともに、各行員・職員が自らその姿勢を貫き通すことも必要です。

当然のことですが、融資は回収し切るまでが取引期間です。取引期間が長ければ長いほど、その間に顧客の状況が変化する可能性が高まります。よって、リスク管理上でも、図表１の内容を速やかに漏れなく実施し続けることによって、顧客の異変を察知できる力や何かが心に引っかかる力が向上します。それが、リスク管理の強化に直結するのです。

こうした活動が顧客との接点を構築し、それを進展させて次の担当者に引き継ぐことにもつながることを認識しましょう。


## 預り資産の取扱時に顧客にリスク管理手法を紹介
### ②市場リスク

市場リスクは相場変動に伴うリスクゆえ、個別金融機関や個々人の力では抗いようがないと捉えられがちです。しかしながら、そんな中でもリスクを抑制できる余地があります。

その代表的な手法に、機関投資家などが債券への投資によってポートフォリオ（資産の集合体）を構築する際に用いられる「ラダー買い／ラ

## 図表2　「ラダー買い」によって形成されるポートフォリオ

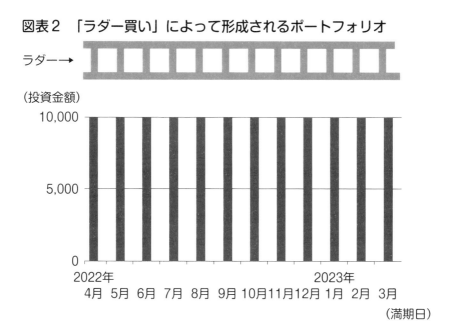

ダー投資」と呼ばれる投資手法が挙げられます。

　ごく簡単に言えば、毎月などの一定の時間的間隔を空けながら同じ期間の投資対象に同額を投資し続けるものです（図表2）。例えば2022年4月1日に、期間1年の国債に1万円を投資し始めた場合の満期は、2023年4月1日です。翌月の5月1日に前月同様に期間1年の国債に投資し、それを毎月繰り返していくと、投資を始めてから11ヵ月後の2023年3月1日の時点で、総額12万円の「今後1年間にわたって毎月満期が到来する資産」が形成されます。

　12回の投資を継続する中では、金利の変動がもたらされることもあります。金利変動を予測する中では、金利が上がりそうな局面では、投資を控えて上がった際に投資額を膨らませる意向が生じます。また、逆に下がりそうな局面では、できるだけ先んじて投資額を膨らませる意向が生じます。しかしながら、このラダー買いではそうした予測をあえて無視し、当面の金利情勢や予測を問わず同期間・同額を継続的に投資し続

けるのです。

　英語のラダー（ladder）は梯子や階段を意味しますが、満期までの残存期間（前述した例では１年）と投資額を棒グラフで示すと、梯子を横にした形状になるため、この言葉が使われるようになりました（前ページの図表２）。梯子が示す意味は、「毎回同額」ということです。投資を分散することで、購入時の金利が分散し、満期到来時期も分散することから満期時の金利動向の影響も分散します。

　金利は為替よりも期間に対する変動幅（ボラティリティと呼ぶこともある）が小さく、平たく言えばゆっくりと上下変動しますので、一定の期間にわたって分散投資を行うことで、結果的に金利変動の影響をゆっくりと吸収すること、言い換えれば金利上昇時の損失のショックを和らげることができます。それは、金利低下時の収益を抑えることとイコールですので、大きな収益も期待できなくなります。したがって、リスクと同時にリターンも抑制する手段となります。

　機関投資家などの間では、10年国債等を毎月一定額投資し続け、期間10年のポートフォリオを構築するラダー買い（120ヵ月にわたって毎月満期が到来するポートフォリオを構築させているということ）の実施などが広くみられます。高額な手持ち資金を投機的に運用するばかりでは安定的な配当などが難しいため、一定の額を比較的安定的な投資に振り向ける必要があるためです。

　同様の考え方で、毎月一定額の外貨建て債券などを積み上げて為替リスクなどを吸収する投資方法（ドルコスト平均法とも呼ぶ）がみられます。また、上場投資信託などを一定額ずつ投資したり、業種などを分散して同額ずつ投資したりすることで、株価変動リスクを吸収する投資方法もみられます。

　余資運用部門などでの投資時には、これらの投資を組み合わせることで市場リスクを調整しています。営業店で預り資産を取引していただい

ている顧客への対応時などにも、こうしたリスク管理手法を紹介することが情報提供充実の一案となります。

## 事務について顧客の十分な理解を促す

### ③オペレーショナル・リスク

　オペレーショナル・リスクは、金融機関にとってリスク取得に見合う収益が見込めないリスクですが、それは顧客にとっても同様です。例えば伝票記載内容と異なるシステム入力をしてしまえば、修正・訂正に伴う損失が発生する可能性があるだけでなく、顧客に多大な迷惑をかけることになります。

　たとえ顧客が行った事務の誤りで、金融機関に非がなくても、顧客からの苦情やトラブルに至れば、その対応に要する人的資源などの実質的な損害は避けられません。それだけでなく、顧客との関係が悪化すれば、収益機会の逸失や悪評等の二次リスクの可能性もあります。

　正確で漏れのない事務処理には、各担当者の知識の十分な習得や作業時の確認、組織内での協力態勢の構築などにとどまらず、「取引や事務手続きに先立った顧客側の必要十分な理解」「そのための周知」も含まれます。したがって、顧客への応対時には、これらを念頭に置き、利用者目線で次のような工夫をするとよいでしょう。

- 契約書・説明書等の重要箇所にマーキングする
- 顧客が「用語などが分からない」場合に、活用ができる営業時間外照会連絡窓口の電話番号などを紹介したり、自行庫のホームページの利用について紹介・解説したりする
- 事務処理等でよくみられる誤りや、過去に（大きな）問題や損失につながった事例を顧客に還元し注意喚起する

# Q 02 預り資産取引はリスクを引き受けないと聞いたけど…

**A** 間接的に信用リスクや金利リスクを被るため、市場リスク顕在化時の動向などにも留意が重要です。オペリスクの低減のため、法令や内部ルールの遵守も徹底しましょう。

これまで各章でも解説してきたとおり、リスクの観点に立つと、融資の実行は、それに伴う信用リスクの取得を意味します。また、融資の実行時だけでなく、預金の受入れ時にも金利リスクを取得しています。

「預り資産」は法律などに定められた言葉ではなく、金融機関などの金融商品販売業者が顧客の資産を文字どおり預かることに由来した名称です。銀行や信用金庫で取り扱う預り資産の代表は、投資信託や生命保険です。これらは預金や融資とは異なり、顧客と取引しても金融機関は直接的に信用リスクや金利リスクを取得しません。

預り資産は、投資家が債券や株式などへ投資することで調達希望者（発行体）のニーズに直接応諾する「直接金融」に分類されます。たとえ投資信託などに形を変えていても、組み入れられた資産の中身は債券や株式などであるため、顧客が金融市場に直接投資する直接金融に当たります。このため、投資に伴う利益や損失などのリスクは顧客が直接に受け止める形になり、金融機関は関係しないのです。

## 市場の変動で担保価値が変動

しかしながら、それでは預り資産取引に伴う金融機関のリスクはまったくないのかと言えば、そうではありません。

つまるところ、間接的に信用リスクや市場リスクの影響を被ることもあります。典型的な事象が、融資取引などの信用補完手段として、顧客

## 図表3　断定的判断の提供の禁止規定

> 金融商品取引法
>
> （禁止行為）
>
> **第三十八条**　金融商品取引業者等またはその役員もしくは使用人は、次に掲げる行為をしてはならない。（以下、一部省略）
>
> 一　金融商品取引契約の締結またはその勧誘に関して、顧客に対し虚偽のことを告げる行為
>
> 二　顧客に対し、<u>不確実な事項について断定的判断を提供し、または確実であると誤解させるおそれのあることを告げて金融商品取引契約の締結の勧誘をする行為</u>

が保有する預り資産を担保徴求した場合です。

　担保徴求した債券や株式などが債務不履行に至って無価値となれば、その分だけ信用リスクの補完ができなくなります。債務不履行に至らずとも、徴求した債券が金利の上昇によって価値を下げたり、徴求した外貨建て資産が外国為替相場の円高により価値を下げたりすれば、担保価値の目減りを余儀なくされます。株式が組み入れられた投資信託を担保徴求した場合にも、中身の株価の下落によって価額が下落して担保価値が毀損すれば、その分だけ与信取引に伴うの信用リスク量が増えることになります。

### 損害賠償や業務改善命令のリスクも

　また、預り資産を取引するための事務取扱いに伴うオペレーショナル・リスクも存在します。実務上、このリスクによる影響は小さくありません。

　例えば、金融商品取引法で禁止されている「断定的判断の提供」（図表3）を行うことで、結果として損害を被る可能性があります。実際に1993年には、準大手証券会社に対し、従業員が行った断定的判断の提供

等違法な取引勧誘によってワラントを購入させられた事案について、購入価額と売却金額の差額相当の損害分を支払うことを命じた判決が出されています（岡山地判・平成5年（ワ）118号判決）。

　また、法令等の違反や悪質な対応などから業務改善命令を受ける可能性も、典型的なオペレーショナル・リスク顕在化事象の1つです。例えば2007年に、大手銀行の投資信託の販売を巡り、監督当局から業務改善命令が発出されています。銀行による事務処理の誤りによって顧客に損失をもたらしたにもかかわらず、本来の訂正処理や原状回復ではなく、謝罪によって取引を追認させたことが問題視されました。

　2018年には、第二地方銀行が投資信託の販売や投資信託購入者に対する事後対応を含む業務改善命令を受けています。販売時・アフターフォロー時に担当者・役席者の2名で訪問するルールを設定したものの、そのルールを遵守し切れない中で、1名で訪問していても2名で訪問したことにする虚偽報告を行っていたようです。前回の検査で同様の指摘がなされていたにもかかわらず、講じた対策が抜本的改善策となっていないばかりか、あまつさえこうした虚偽報告に至った事実が問題視された模様です。

　業務改善命令を受けた場合は、対応する専門部隊を組織して、不祥事件の原因究明を行い、改善策を十分に検証・実行しなければなりません。規程やマニュアル、評価制度等を見直したり、新たな研修を実施したりすることも必要になり得ます。こうした取組みにヒト・モノ・カネといった経営資源を割かざるを得なくなり、収益の向上施策や顧客の本業支援対応などに回せる資源が回せなくなるような、間接的な損害がもたらされる一面も認められます。

　以上のような大きな事象ほどではなくても、協力関係にある投資信託会社（運用会社）や生命保険会社などから誤った事務処理について指摘を受けることもあります。筆者自身、過去に勤務していた先の渉外担当

**図表4　預金・投資信託のリスクの比較例**

| 預金 | 投資信託 |
|---|---|
| 直接の当事者が金融機関と顧客の二者に限られるため、例外扱いではあるものの後日取消等にも対応可能 ⇔ | 金融機関（販売会社）と顧客のほか、運用会社や信託銀行などが当事者であり、市場と取引しながらおのおの関係するため、後日取消等は不可能 |
| 自由金利であるものの、（2016年2月からのマイナス金利政策が継続中である影響などもあり）日次の単位での大きな変動は例外的 ⇔ | 随時変動する市場動向に沿って価値が変動し続けるため、事務処理の修正に時間を要した場合に顧客にその分大きな損得が発生する可能性あり |

　者が保険商品の販売を巡って事務処理を不適切に取り扱ったため、その商品の組成・給付者であった保険者（保険会社）から金融機関全体を対象とする指導を受けることになった経験があります。

　なお、預り資産についての関係当事者は、販売者である銀行・信用金庫等と顧客だけにとどまらず、投資信託に代表されるように運用会社や信託銀行などにも及びます。このため、オペレーショナル・リスクが顕在化した際の影響も自ずと広域化します。こうした点も意識して、より慎重に顧客対応を行う必要があることも意識願います。

# Q 03 パンデミックなどの事態では どうリスク管理するの？

**A** 顧客の意向を尊重した渉外活動や、非対面対応時の顧客への配慮、正確な情報の提供などが、パンデミック発生時とそれ以降のリスク管理実施時に求められます。

　金融機関の社会的使命は、間接金融機能の提供に伴う信用創造とそれを通じた経済発展への貢献にあります。その役割は、新型コロナウイルス感染症の感染拡大（パンデミック）局面下でも変わるわけではなく、改めてその重要性が注目されました。融資はもちろん、預金に伴う責任も何も変わらないわけで、減免もされません。

　2021年10月25日に帝国データバンクが公表した内容によれば、法人および個人事業主の新型コロナウイルス関連倒産は、累計で2,258件に達しています。事業者の業績不振に限らず、個人の家計逼迫は珍しくないわけですので、金融機関におけるリスク管理の観点では、なお一層強化すべき局面と言えます。

　こうした状況下では、通常のリスク管理手続きを漏れなく遂行する中で、異変や不安の可能性等を察した際の「適時適切＋α」の対応策を講じる必要があります。また一方で、取引顧客の変化や心情に配慮することも当然に求められます。以下では、リスク管理の観点で、具体的な対策を見ていきます。

## 顧客の意向を尊重する渉外活動を

　まず、渉外活動全般についてです。顧客目線で見た金融機関の渉外活動は、残念なことに必ずしも行儀が良いばかりではなく、金融機関の都合を押し通そうとする場面が珍しくありません。世界の日常生活や経済

**図表5　調査時点別中小企業経営者年齢分布**

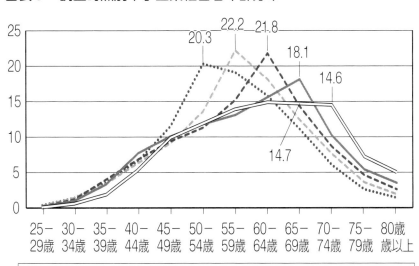

注：2020年については2020年9月時点のデータを集計
※中小企業庁「2021年版中小企業白書」を加工

活動等を一変させたコロナ禍によって、「アポが取れないので、いきなり訪問する」という自己都合の行動などが、顧客からより一層嫌われるようになったことを自覚する必要があります。

　ワクチン接種が進み、事態が収束して従前のような日常に戻っても、コロナ禍を体験したがゆえに、渉外担当者などのアポなし訪問への拒否感は膨らんだままで変わらないことでしょう。

　したがって、今後の渉外活動については、旧来の思考・行動を変革させて顧客の意向を尊重することがさらに求められます。こうした変革がない限り、中長期的な渉外活動の継続は難しいと考えざるを得ません。中小企業経営者の年齢上昇傾向がみられる中にあっては、顧客が基礎疾患などを持つ可能性も高まります。したがって、「顧客に応じて非対面などの代替手段などを紹介する」ことが一案となります。

### 図表6　顧客の非対面対応でかけたい言葉の例

| 顧客の状況・心情等 | 顧客を慮る言葉等 |
|---|---|
| 機器を保有していない | ● 「機器をお手持ちでないお客様も多いため、必ずしもサービスが行き渡らずにご不便をおかけしていますが…」<br>● 「機器をお持ちでない場合には、ほかの手段として××の方法にも対応しており…」 |
| 操作方法が分からない | ● 「操作方法などが分かりにくい等のご批判をちょうだいすることもあるのですが…」 |
| わざわざやらなければならないことに負担感がある | ● 「こうしたお願いをさせていただくことも大変に心苦しいのですが…」<br>● 「本来はお会いしてお伝えすれば簡単ですので大変申し訳ございませんが…」 |
| 余分な時間や費用がかかる | ● 「店舗でやり取りさせていただく際よりもお待ちいただく日数がかさんでしまい…」<br>● 「郵送費用（または電話代など）をご負担いただく形となり、大変恐縮ですが…」 |
| コロナ禍による情勢変化へのストレスがある | ● 「それでなくとも様々なご不便をお感じになっている中で、さらにご負担をおかけする形となり大変恐縮なのですが…」 |
| 基礎疾患の保有等に伴う不安がある | ● 「短時間に重症化する事例も報道されているため、非常に慎重に行動されているお客様も少なくない中にありますので…」 |

### ■ 顧客の非対面対応時に配慮が重要

　次に、融資の実行先に対する事後管理についてです。事後管理時に感染拡大の防止と顧客との接触・情報収集（モニタリング）頻度の向上を両立するためには、非対面を含む接触手段の多様化を模索せざるを得ないでしょう。

　非対面対応では、顧客の設備投資とともに、操作技術の保有が必要となるため、これらが相応の負担となります。顧客の満足度を引き下げれ

ば、接触・情報収集の頻度を引き下げられて状況の把握に支障を来しかねません。「非常事態なのでやってもらわなければどうしようもない」「理解・協力が不十分だ」と強要して対応を求めることなく、顧客の事情をよく聴いたうえで実情を踏まえた対応を図りましょう。

　顧客の苦情やクレームを防止・抑止するためには、顧客の状況や心情を慮り、図表6のような"ひと言"を沿えることも有効です。こうした工夫は、オペレーショナル・リスク管理を実践するうえでの具体的なノウハウの1つに位置づけられます。

## 不安を抱いた顧客には正確な情報を提供

　事後管理と一部重複しますが、最後に顧客の変化への対応について触れます。リスク管理の観点では、「情報の洪水時代」を踏まえた顧客への配慮も一案となります。

　インターネットでだれもが手軽に情報を入手できる時代となりましたが、その一方で、真贋が入り混じった情報を選別するには一定の知識や技術が必要です。報道機関は、耳目を集める題材を優先してセンセーショナルな情報ばかりを取り扱いがちで、結果として、一般の人たちの視野や発想が狭められる一面がみられます。

　新型コロナウイルス感染症対策では、他者との物理的な接触を抑制することが重視されましたが、その弊害として、個々人に孤独感が広がりました。もとより、人間には自身のことを深く考えると総じて悲観的になる傾向が認められます。

　不安を抱いた顧客に対しては、誤った情報などに惑わされたり翻弄されたりする中で短絡的な判断に至らないように、正確な情報を提供することが一案になります。身近な金融機関として、改めて「連絡先等とともに相談先として活用いただきたい」旨を伝えることも有効です。

# Q 04 保有する顧客データの活用で どうリスク管理につなげるの？

 多くの顧客データを随時更新してリスク管理の向上を図るとともに、本業支援等に活用することで、さらに情報更新や信用リスクの低減につなげます。

　金融機関は、預金・為替などの金融機能の提供と引換えに、顧客に対して法人の商号や個人の氏名だけでなく、所在地・住所、電話番号等の提出を求めています。

　さらに、法人への与信にあたっては売上や利益などの開示を求め、個人への与信にあたっては勤務先・勤続年数・年収などの開示を求めています。前者については決算書（写）など、後者については源泉徴収票などの提出を求めることもあります。

　また、取引の条件として、担保・保証の差入れによる信用補完を求めたり、適用する金利を一定の金利変動パターンに限ったりすることもあります。個人との融資取引などに、公共料金の口座振替を求めることもあります。

　このような取扱いにあたっては、顧客に対する口頭での意思確認にとどまらず、契約書の記入・提出を求め、取引種類によっては印鑑登録証明書に登録した印章での捺印までを求めることもあります。

　書類によって裏づけを求めたり契約書を取り交わしたりする主な目的は、リスク管理にあります。書類を参照することによって、取引時点もしくはその前後の詳細な事実や取引時点での意思を裏づけることで、係争に発展した場合や相場急変時などに不測の損害を被らないようにすることに重きを置いているのです。

　裏返せば、取引に伴う各種リスクの取得にあたり、水掛論や事実確認

**図表7　顧客データの把握・保有目的**

| 分類 | データの把握・保有目的 |
|---|---|
| 信用リスク | ◎利益・定収の裏取りによって、返済可能性・確実性を検証<br>◎担保・保証の差入れや火災保険への質権設定によって、信用を補完 |
| 市場リスク | ◎変動金利適用の特約書の差入れによって、金利リスクを調整 |
| オペレーショナル・リスク | ◎顧客・保証人などの本人確認によって、なりすましを回避<br>◎各種契約書の徴求によって、意思表示を補完<br>◎各種料金の引落し等によって、実在性や住居・労働実態を検証 |

の不十分さに起因するオペレーショナル・リスクの防止・抑止のために、公的証明書や契約書を求めているとも言えます。

　結果として、様々な顧客データが得られますが、図表7のようにリスクの種別で把握・保有目的を整理することができます。

## 実情が保有データに十分に反映されていない

　取引期間が長ければなおさらですが、取引開始からの時間の経過に伴って、顧客に様々な変化が生じます。

　法人について言えば、随時、売上・利益・従業員数などが推移し続けます。それ以外にも代表者が交代したり、本社や主要事業所などが移転したりすることもあります。さらに、主な仕入先・販売先が変わることや、新規事業への参入や本業への特化など事業の見直し・再構築が図られることもあります。

　個人について言えば、勤務先・収入状況のほか、転居や婚姻・離婚などの身上異動がもたらされることもあります。複数名（連帯債務形式）

で借り入れた後、いずれかの債務者が返済途中で逝去することなどもあります。

　当然ながら、このような顧客の変化はリスク量にも変化をもたらします。融資取引を行っている中で法人の売上・利益や個人の収入が減少すれば返済がきつくなりますし、大口の預金取引を行っている無借金の法人が新規事業に参入すれば預金を食いつぶす可能性が高まります。

　顧客と金融機関の取引期間は、長期間に及ぶことが珍しくなく、その間に金融機関の担当者が交代し続けます。したがって、こうした顧客の変化事項については、取引当初に収集したデータを随時更新し、後でだれが参照してもすぐに実情を理解・把握できる対応が求められます。

　しかしながら、そうしたあるべき論の一方で、それが必要十分に実施できていない実情が認められることが珍しくありません。その主な理由は、顧客の数が膨大な一方で、行員・職員の数には限りがあって対応し切れないためです。

　取引先のすべてに対応することが難しいため、実務上では、全体の中から相対的にリスクが高い与信額の大きい法人（グループ）取引などを優先抽出し、徴求した決算書（写）などをもってデータを更新しているのが実情です。

　個人の転居などについては、金融機関で定めた預金規定などの約款に届出を求める旨を記載し、顧客からの申告を基本とした「待ち」の姿勢で臨んでいます。しかしながら実際のところ、例えば預金口座のある取引金融機関に転居後の新住所を届け出ていないケースも珍しくありません。そうしたケースが、顧客データの未更新の典型例です。

　取引にあたって法人名称・氏名どころか「財布の中身」の情報まで求める金融機関が保有する顧客データは、異業種から羨望の的になっています。しかしながら、その中身は以上のとおり必ずしも顧客の実情が十分に反映されているものではありません。

　定期的に受領している決算書の定量データにしても、徴求元である個別与信先の与信判断に活用されることにとどまっていることが平均的です。いわゆるビッグデータの活用が広がる中、金融機関にも課題認識はあるものの、実際の活用までは至っていないことがほとんどです。保有する顧客データを活用する余地としては、以下のようなことを分析することなどが考えられます。

◎与信先の所属する業種全体の売上や原価率の動向
◎市区町村・字別などの事業者の収支（＝地域経済）動向
◎自動車ローンを初めて利用した年齢と年収の推移
◎住宅ローンの一部返済（内入）金額と年収の関係

## 顧客データを本業支援や地域支援に活用

　以上のように、顧客データの更新の重要性は金融機関に広く認識されているものの、次のような状況があるために実現されていないと言えるのです。

㋐おのおのの顧客の状況（属性やニーズ等）が変化し続ける一方で、直接の接触を通じて把握できる顧客の数には限界があること
㋑取引の絶対数が膨大なため、保有する顧客データが膨れ上がっており重く使いにくくなっていること（コンピュータ・システムの更改時などのトラブルの遠因でもある）

　こうした実情は、リスク管理上もマイナスにほかなりません。したがって、顧客データを適切に整備するとともに、有効に活用することを模索するべきでしょう。
　実務上では、闇雲に手当たり次第取り組むのではなく、リスクの増加傾向が認められる先（次ページの**図表8**）を優先的に抽出して実施することが考えられます。法人与信先等に対し、各営業店が二次査定部門な

## 図表8　リスクの増加先として抽出する基準例

- 暴風雨・暴風雪といった悪天候や地震などによる災害の直接的な影響が大きく避けられない業種
- 売上が〇割以上減少
- 未保全額が〇〇万円以上
- 不動産価格が〇割以上低下
- 代表者年齢が75歳以上に到達

どと連携・協調しながら、現実的に対応可能な顧客数を見据えて面談順位を調整したり、人員不足の営業店に本部や営業店から実際に"手"を動かす応援派遣したりすることも有効です。

　別の視点では、保有する顧客データを本業支援や地域支援に活用できれば理想的です。これら支援の実現は、顧客などのデータ提供動機にもつながります。

　また、保有する顧客データを支援先のマーケティングに活用する余地もあります。例えば、法人が保有するトラック等の輸送機器、生産設備や店舗・駐車場を含む不動産などの情報について、同意が得られた顧客のデータから抽出し、異業種を含むほかの事業者との連携余地を想定したうえで情報提供することなどが考えられます。情報提供の例を考えると、厨房・客席を相互利用する形で昼夜別の飲食店が営業する"二毛作"は、いまや珍しくありません。仕入が複数回に及ぶ中で、仕入物資の搬入のための駐車・荷下ろしスペースが近隣になく困っている事業者に、駐車場の空き時間を使用した二次利用してもらえる余地などがあるかもしれません。

　これらはあくまでも例ですが、顧客への情報提供の結果、売上や利益などを向上させることができれば、結果として信用リスクを減らすことにつながります。

# Q 05 リスク管理の高度化と課題解決にどう向き合えばいいの？

**A** 自己資本額を基盤にして、リスク量を試算し調整を図ることが一般的です。組織面は基本的に2階建てとし、強化にはとにかく個々の知識・意欲の向上が不可欠です。

　融資の主な原資は、数多くの預金者から受け入れた預金です。このため、融資が契約どおり返済されなければ、預金者への預金の払戻しにこと欠くことになります。実態として、受け入れた預金以上の融資を実行することはできないのです。

「金融市場から預金を調達すればよい」と考えるかもしれませんが、市場参加者はある意味で金融機関の融資取引以上に信用状況に敏感です。「金融機関が預金以上に多額の融資を実行している」「預金が集まっていないらしい」という事実が伝われば、資金の出し手が現れる可能性は低く、調達は難しくなります。

　また、どれほど優良で信用の高い先であっても、将来にわたって絶対に事業・家計が行き詰まらないとは言い切れません。言い換えれば、信用リスクのない取引先はなく、それゆえに1つの先に与信できる金額には限度があるのです。

　与信先がすべて、業況が目覚ましく伸張したり収入が著しく増えたりすればいいのですが、そううまくいくわけではありません。実際には、逆の事象に悩むことも多く、すべての与信先が約定（契約）どおり返済してくれるわけではないのです。

　よって、金融機関側は一定の貸倒れを見込まざるを得ず、その分の負担を余儀なくされます。つまるところ、与信に伴って生じる費用にほかならず、こうした費用を「信用コスト」と呼ぶこともあります。資金不

足者がもたらした信用コストを資金余剰者である預金者などに直接的に負担させることはできませんので、間接金融機能を提供する金融機関が、自己資本から支払うことになります。それゆえに、貸倒れは金融機関の自己資本を毀損させる主要因にほかなりません。

## 与信や有価証券投資は資本配賦行為

　金融市場で取引される金融商品の取引価格は、需給を反映した時価になります。最も分かりやすい時価は株式の取引価格（株価）ですが、株式以外の国債・社債などの債券や投資信託も時価が算定され、それを基準に取引が行われます。

　機関投資家の一角を占める金融機関が保有する有価証券には株式や債券等が含まれるため、保有し続ける有価証券の評価にも時価が適用されます。結果として、時価算定の都度、保有する有価証券の含み益や含み損が明確になります。

　厳密に言えば、有価証券の保有目的に応じて反映される基準が異なるのですが、たとえ売却して収益や損失を確定させなくとも、こうした時価が決算に反映されます。全体の収支が含み損となれば、信用コストと同じように、自己資本を毀損させることになるのです。

　見方を変えれば、与信や有価証券投資は、自己資本をリスク資産に振り向け、そのリスクを引き受けることでプレミアムを受領する（ことを意図する）行為にほかなりません。こうした行為を「資本配賦」と呼び、配賦した金額を「資本配賦額」と呼ぶことがあります。

## 一般的に統合リスク管理が行われている

　リスク管理を図るうえで、資本配賦額の多寡を管理対象とすることがあります。リスク量を試算し合算しながら調整を行う手法で、リスク種類を跨いで総量を算出することから、「統合（的）リスク管理」とも呼

## 図表9　平準的な統合リスク管理のイメージ

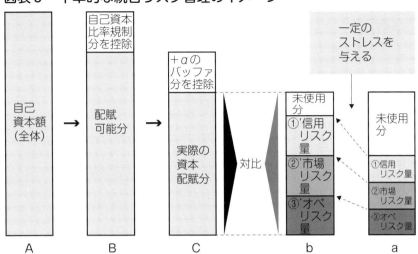

ばれます。

　**図表9**の標準的な統合リスク管理のイメージをみると、左位置のAからBへの移行過程で、自己資本額から自己資本比率規制分を控除します。これは、金融機関にはBIS規制に基づく自己資本比率規制が適用されるため、国内業務だけを行う場合の国内基準で4％、海外業務を展開する場合の国際統一基準で8％以上の自己資本比率が求められることから、その分を残しておく必要があるためです。実務上では、BからCへの移行過程で示したとおり、ルール上の規制分だけではなく＋αのバッファ（余裕）分をさらに控除して、資本配賦が可能なおおよその金額を試算します。

　その一方で、右位置のaからbへの移行過程で示したとおり、各リスク量を算出し、様々なストレスをかけて各リスク量を膨らませ、それでも現在の資本配賦額で足りるか否かを左側のCと右側のbを比較する形で判断・調整します。

　aに挙げた①〜③のリスクについては次の基本的手法を採用してリス

**図表 10　リスク管理体制図の例**

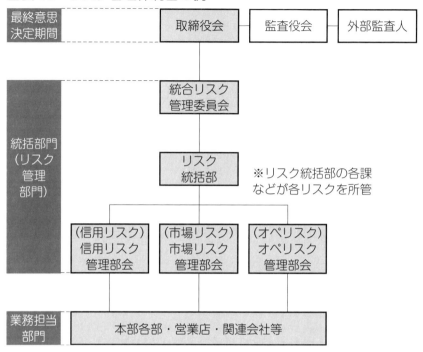

ク量を試算することが一般的ですが、より高度に別の区分に分けてスト
レスをかけている金融機関もみられます。

①信用リスクについては、一定以下の債務者区分・未保全額などを
　活用して試算する
②市場リスクについては、金利・為替・株価を変動させて試算する
③オペレーショナル・リスクについては、粗利益に15％を乗じて得
　た額の直近3年間の平均値をもって計量する

　そのうえで、様々なストレスシナリオに沿ってリスク量をかさ上げ
し、①'～③'までの合計がbの範囲に収まるかどうかを確認します。
　こうした管理には、金融機関のリスクに対する取得姿勢が明確に示さ

れるため、監督当局による検査時にも、メイン・テーマの1つとして取り扱われます。

　経営の自由度を左右するのは、結局のところ自己資本額になります。ただし、留意が必要なのは、表面的な自己資本比率は正味の自己資本額だけでなく、公的資本や優先株式・劣後ローン等による事実上のかさ上げを含めた数値になることです。こうしたことから、資金量で同程度の規模の金融機関同士でも、自己資本額やその中身に相当の開きがあることは珍しくありません。

## 高度化には知識・意欲の向上が不可欠

　統合リスク管理を所管する組織は、㋐専担部門、㋑委員会組織の2階建てであることが一般的です。前者㋐は、ミドル（オフィス）部門が該当します。後者㋑は、「リスク管理委員会」「統合リスク管理会議」など、名称に"リスク"が付く委員会組織であることが多い模様です。委員会組織には、「信用リスク管理部会」等の下部組織が手当てされることが一般的でもあり、ここで事実関係の確認や権限内の金利決定などが行われます。

　こうした組織を含むリスク管理体制は、**図表10**のような形でディスクロージャー誌に図示されることも少なくありません。金融機関が異なっても体制や組織名称は似通っていることは多いですが、おのおのの会議体で付議される議題は相応に異なります。また、委員（＝会議参加者）のリスクに関する基本知識や問題意識にも、相応の差異が認められます。それゆえに、リスク管理の高度化には、行員・職員個々人の知識・意欲の向上が不可欠と考えます。

# Q 06 リスク管理における人員面の課題もあると聞いたけど…

**A** 統合リスク管理に関する会議体・委員会組織の委員は、偏りなく様々な関連部門から招集します。委員には、専門知識の修得のための内部文書の読込み等が求められます。

　金融業界には、各金融機関内部に統合リスク管理に関する会議体・委員会組織を設置・運営することが望まれる風潮を感じます。実際、会議体や委員会組織が作られた後に、委員各自に人事発令がなされる金融機関もみられます。会議体や委員会組織の活動に伴って、議事録も漏れなく作成され保存されてもいます。

　当局検査を通じた検証結果に沿って進められる態勢の構築・整備が、ただでさえ厳かな企業風土をさらに後押ししています。対話型に移行した近年の当局検査でも、リスク管理関係の会議体・委員会組織の議事録は、議論や意見交換に先んじた基本的な題材として、隅から隅まで漏れなく参照される実態が認められます。

　バブル経済崩壊・ペイオフ導入の頃より声高に指摘されるようになった「金融機関は経営ガバナンス強化が何より重要」「ガバナンスが機能しない金融機関は生き残れない」という潮流も、組織内の厳かさに拍車をかけたと考えます。主張に異論はないものの、それを「意識していること」「実践していること」を裏づけるため、何かにつけて会議・委員会組織等が増殖し続けた一面が認められます（**図表11**）。

　もちろん、委員会組織を手当てして委員を招集したうえで会議を開催し、議事録を残しさえすれば、それだけで統合リスク管理の水準が向上するわけではありません。金融機関の経営上のリスクを管理し調整していく以上、①潜在リスクを含むリスク実態、②選択可能なリスク調整

## 図表11　会議・委員会組織の増加と事由の例

◉金融庁による「コンプライアンス・リスク管理に関する検査・監督の考え方と進め方（コンプライアンス・リスク管理基本方針）」の策定・公表
　⇒〈金融機関における対応〉コンプライアンス・リスク管理部会などを手当て
◉FATFの第4次対日相互審査の実施
　⇒〈金融機関における対応〉マネー・ローンダリング／テロ資金供与対策強化委員会などを設置

策、の双方を熟知する委員が必要となります。“絵に描いた餅”水準のリスク調整策や委員の“評論家化”に陥らせないためには、何よりも委員がリスクにまつわる専門知識を持つことが前提となります。

## 委員の実務経験なしもネックになる

　その一方で、業務の広域化・深化を背景に、行員・職員にはますます専門性が求められています。このため、各金融機関の行員・職員の所属部門やローテーション・サイクルに、かなりの偏りや固定化がみられるようにもなってきました（次ページの図表12）。

　このような実態の背景には、職務履歴ほか行員・職員情報のコンピュータ・システムへの登録・閲覧により、悪い意味での“分かりやすいさ”が助長されたことがあると考えます。「過去にこの部門に所属した経験者を抽出してみよう」「この経験があるのでこの部門のこのポストに配置しても大丈夫だろう」等の履歴に基づく人事配置が行われやすくなったのです。

　また、利ざやの低下などを背景とした行員・職員総数の削減や各部店への配置人員の絞込みが、「経験を持つ人材の少数の配置＞未経験の候補者の複数の配置」をもたらす動機にもなりました。行員・職員自体もこうした風潮や実情があることを理解し、ある程度の年次・年齢に達し

## 図表12　近年のローテーションにみられる傾向

| 傾向 | よくある状況 |
|---|---|
| 大括りの傾向（俗に言う "色" や "畑"） | 本部所属者・本部勤務経験者は本部内で異動する一方で、営業店勤務経験しかない行員・職員の営業店勤務期間はさらに長期化 |
| 本部内での傾向 | ・資金運用系部門ばかりに所属<br>・事務・システム系部門ばかりに所属<br>・秘書・人事・企画などの管理部門ばかりに所属<br>・業務推進・審査など勘定関係部門ばかりに所属 |
| 里帰り | ・人事課長が営業店を経験して人事部長に昇進<br>・運用課長が子会社の運用部長を経験して、銀行本体に戻り運用部長に昇進 |

た段階で出す異動希望では、保守的な意識を働かせ、以前所属した部門や勝手が分かる部門を希望する傾向が強まっています。

　これらの結果、異動事由の考案ほか人事部門の事務対応を軽減させた一方で、熟慮・模索された大胆な抜擢人事が行われにくくなりました。転職エージェントを介した経験者採用の動きの活発化も、こうした思考・行動に同調して傾向をより強める効果をもたらしたと考えます。

　そもそも、行員・職員全体に占める本部配属比率は中小規模の金融機関で25〜30％台、大手金融機関でも40％前後に過ぎません。しかも、この数字には、ⓐ休職中や他社への出向派遣などを行っている行員・職員のほか、ⓑ実質的に営業店の後方事務を処理している事務集中部門の行員・職員も含まれています。

　また、各部門の実務には様々なリスクが内在していますが、リスク分野別にリスク関連部門（**図表13**）を挙げて比較してみると、部門ごとの分野・種類（数）・量などに相当な偏りもみられます。さらに、次項のQ07で述べる内部監査部門のほか、総務・人事・業務推進・調査部門など、こうしたリスク関連部門に含まれない本部の部門も少なくありま

**図表13　リスク分野別にみた主なリスク管理関連部門**

| リスク分野別 | 主な該当部門 |
| --- | --- |
| 信用リスク | 営業店（与信・管理業務）、審査部門、与信管理部門、市場リスク管理（ミドルオフィス）部門、ALM 部門 |
| 市場リスク | 有価証券売買（フロントオフィス）部門、市場リスク管理（ミドルオフィス）部門、ALM 部門 |
| オペレーショナル・リスク | 営業店（全業務）・市場取引関係事務処理（バックオフィス）部門・事務集中部門・システム部門 |

せん。本部所属者でも、リスクを掘り下げられるとは限らないのです。

　こうした状況があるために、統合リスク管理関係の会議体・委員会組織の委員にも、3つのリスク分野すべてにまつわる実務経験を持たない該当者が多数就く事態を招きがちです。「本部の部長に就任するまでずっと営業店一筋であった」「役員就任後に初めて体系的なリスク管理に向き合うことになった」等の経歴の委員が代表的です。

## リスク管理の専門知識を修得させる

　議事録を参照しても、発言者や発言内容に偏りがあることが珍しくありません。有り体に言えば、信用リスク管理を巡る議題については、委員間で相応の意見交換が行われています。その一方で、市場リスク管理やオペレーショナル・リスク管理を巡る議題になると、関連部門の委員と関係する実務の経験がある委員だけが意見を交わすような有様です。

　裏返せば、統合リスク管理を高度化させるには、実務経験のない委員も会議体・委員会組織で機能するように、リスク管理の専門知識を修得させることが避けられません。誤解を怖れずに言えば、一時期盛んに提唱されていた数値化・計量化だけが高度化手段ではないのです。実務上では、各委員が内部文書を読み込み、個別の疑問を潰していくことが近道と考えます。

# Q07 リスク管理態勢の検証について どんな課題・解決策があるの？

**A** 三様監査を実施しているものの、営業店への監査に偏重する問題がみられます。監査機能向上のためには、関係者の知識・ノウハウ向上が避けられません。

金融機関内部では、業務遂行に伴う各リスクに対し、ラインの異なる第三者（部門）が日常の管理実態を検証しています。実施目的は、検証によって管理態勢の構築・運用水準を担保し、機能化・高度化を図ることにあります。

監査は、この検証にほかなりません。金融機関では、監査の担い手がⓐ内部監査部門、ⓑ監査役（協同組織金融機関の場合には監事）、ⓒ外部監査人の三者にわたるため、「三様監査」と呼ばれています。三者が互いに連携・協調することで、相乗効果の発揮を図る建付けです。

監査の対象は全リスクです。その一方で、監査対応にも人件費や交通費など費用の投入が避けられないことから、投入できる経営資源にも自ずと限界があることは、日常のリスク管理と同じです。よって実務上では、リスクの顕在化によってもたらされる影響に鑑み、影響の大きな対象から優先的に監査を行うという手法がとられています。第3章のQ01でも触れた「リスク・アセスメント」と呼ばれるものです。

## オペレーショナル・リスクへの偏重も

信用リスクについては、一定の金額を超えたり一般の条件外となる個別与信取引への応諾判断が、合議型の審査会などで意思決定されています。また、期間や業種などの切り口で残高や比率などを抽出し、想定ストレスをかけた影響などを数値に落とし込んでリスク管理委員会等に報

告し、大局的な与信方針の決定などに活用もしています。

　市場リスクについては、個別投資時に取得可能なスキームの検討や、リスク別の残高・ストレス負荷後の数値などを ALM 関連の会議やリスク管理委員会などに報告し、取引方針の決定に活用しています。合わせて、管理手法の高度化を順次図っており、計測された数値は内部で利用されるだけでなく、監督当局のオフサイトモニタリング時に信用リスク分と合わせて報告する際にも活用されています。

　前記２つのリスクに対し、オペレーショナル・リスクについては、対象範囲があまりに広く、かつシミュレーションが難解です。このため、詳細分野別の分類に応じた数値の算出や、想定ストレスをかけた影響などの試算まで行っている金融機関は例外的な数にとどまります。

　もっとも、経営層にも、「顕在化したオペレーショナル・リスク事象によっては資金繰り破綻だけでなく、組織的な不正行為等に対して監督当局に引導を渡されることもある」等の問題意識がみられます。しかしながらその一方で、リスク量の把握・予測の高度化の先送りを余儀なくされている実情や、顕在化時のリスク量を具体的に意識する機会自体が少ない実情が認められます。このため結果として、リスク量低減を主眼とした事務手順の検証や能力開発が後手に回ってもいます。

　内部監査部門の監査対象に占めるリスクのうち、オペレーショナル・リスクの比率が圧倒的に高い背景には、こうしたリスク計測・試算等の不十分さがあると考えます。全体像の把握や仕組みの検証に先んじて、個別事象の把握を優先する動機となっている構図にほかなりません。

## 人事配置・体制が監査の偏りを生む

　内部監査部門の監査対象が、オペレーショナル・リスクに偏る背景には、前記のほか、監査部門を構成する行員・職員の属性もあると考えます。端的に言えば、営業店での顧客応対・事務処理に限定した経験しか

## 図表14　監査計画策定フローと監査割合のイメージ

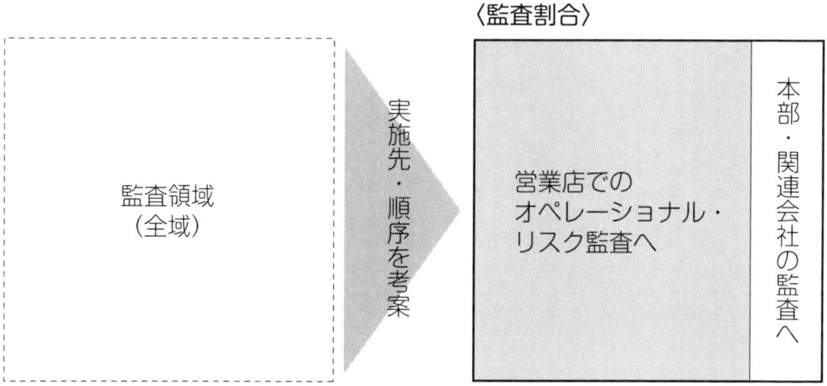

〈監査割合〉

| 監査領域<br>（全域） | → 実施先・順序を考案 → | 営業店での<br>オペレーショナル・<br>リスク監査へ | 本部・関連会社の監査へ |
|---|---|---|---|

ない職歴を持つ行員・職員が圧倒的に多いため、内部監査部門配属後にも高度化・専門化した信用・市場リスク管理に向き合うことが難しい行員・職員が多くを占めているのです

　この背景には、近年の行員・職員のジョブ・ローテーションの実施状況が横たわっています。金融実務は今なお人の"手"や"眼"によって対応している領域を幅広く残すため、顧客との一次窓口となる営業店に多数の人員を配属せざるを得ません。実態上でも、総員に占める営業店配属者の割合は6～8割程度に達します。

　その一方で、近年の金融機関では、部門を問わず人員の絞込みが図られており、習熟度の高い担当者の配属を長期化させたり経験者を再登用したりする圧力になっているため、本部で信用・市場リスクに触れる人員が限定されてしまうのです。

　当然ながら、監査実務の執行能力は、金融実務の知識・経験に基づきます。このため、営業店中心のジョブ・ローテーションを経てきた監査担当者は、「実態をよく知っているので」という理由で、担当する監査対象部門を営業店とされがちです。そのような担当者が多数を占めれば、「与えられた経営資源で最適な行動をもたらすため」という動機か

## 図表15　営業店や個人の表彰制度における監査の位置づけの例

☑内部監査の結果、「重要指摘（または"ハイリスク事項"等の名称）」などが把握された営業店や当事者・（管理者など）関係者を表彰対象外とする

☑表彰時の評点が「⑦（獲得・深耕など）業容拡大部門」と「⑦内部監査部門」に大別され、⑦は加点・⑦は減点して通算する

ら、監査対象部門としてますます営業店に目が向けられるようになることが想像に難くありません。

　行き着く先は、「とにかく営業店中心の監査を行い、それ以外は余力に応じて…」という監査計画・実施状況です。こうした内情の下で、本部に対する内部監査の実施時期の特定や予測が可能となることが珍しくありません。これらが常態化し、やがて当然視されるようになる中で、内部の表彰制度に**図表15**のように監査結果が組み込まれ、事態の常態化をさらに後押しするようにもなっています。

　内部の表彰制度に監査結果を反映する目的は、業績伸張（攻撃）面に注力するあまり、リスク管理（守備）面を疎かにさせないようにする動機づけにほかなりません。その一方で、本来は制度自体への検証も求められる内部監査部門がこうした表彰制度を絶対視し、「とにかく営業店全体を臨店しないと公平な営業店表彰ができない」「本部など二の次だ」と思考を凝り固める事態もよく目にします。筆者の目には、現状に"あるべき姿"が引きずり込まれているように映ります。

### ■監査役や外部監査人による監査も営業店に集中

　監査対象部門の営業店への偏重は、内部監査部門だけにとどまらず、監査役や外部監査人にもみられます。

　行員・職員出身の監査役であれば、前述したようなジョブ・ローテーションにより行員・職員時代の職歴が営業店中心である確率が高くなり

ます。営業店業務に明るい一方で、信用・市場リスクの高度化などに従事した経験を持たない可能性が高くなるわけです。

監査役の業務分掌（部署単位での業務範囲と責任を明確化させた仕事の意味）は、本来、取締役の業務執行状況の監査です。よって、臨店を含む実態検証は、その裏づけ確認に過ぎないはずですが、実際のところは営業店への臨店監査にばかり注力する監査役をよく目にします。つまるところ、内部監査部門との監査の重複にあたり、経営資源を有効活用しているとは言い難い事態です。

外部監査人は、金融機関の利害関係者への保証を目的に第三者の立場で金融機関の監査を行います。その役割を実践する中で、現金精査等のため、営業店への臨店機会を設定することは少なくありません。

監査対応にかかる営業店の負担は、前述したような事情で積み重なります。こうした状況は、近年の検査で営業店への臨店や資産査定へのウェイトを相対的に低下させている監督当局とギャップをもたらしています。

## 監査関係者の知識・ノウハウ向上が不可欠

主な受監部門となる営業店側には、「細かいニュアンスを含めた監査結果を経営陣等に注進されるのではないか？」という意識が当然に働きます。こうした中で、内心・本音では高頻度で実施される監査への拒絶感を募らせる一方で、とにかく"嵐"が過ぎ去ることを待つばかりの意識・行動になります。

監査水準の高度化には、監査関係者の知識・ノウハウ向上が不可欠です。結局のところ、個々人の連想力を高める必要があるのですが、必ずしもこれらを促す具体的な施策が構築されているわけではありません。

効率的かつ公平・公正な金融機能提供のために果たす監査の役割は、極めて重要です。監査水準の高度化のためには、内部監査部門を対象として他部門が監査を実施することが一案となります。

## おわりに

　活動実態に合わせてリスク管理水準を引き上げていかなければ、企業
として生き残っていけないことは、業種を問わず、すでに幅広く認知さ
れています。各業種の中堅以上の企業のほとんどに内部監査部門が設置
されていることが、ある種の裏づけになっていると言えるでしょう。

　しかしながらその一方で、様々な業種を代表する企業での事件や事故
が断続的に発生し続けており、そうした報道に驚かされることも珍しく
ありません。大部分がオペレーショナル・リスクの顕在化事象なのです
が、"舞台"となった企業のリスク管理部門ではおそらく以前よりリス
クを認識していたことが見込まれます。「だから言ったじゃないか」「再
三、注意喚起をしていただろう」というのが本音ではないでしょうか。

　こうした事件や事故の背景に、次の①②がある可能性が高いと疑いの
目を向けてしまいます。

①（「だれかがやるだろう」「まぁ、大丈夫だろう」等の）大企業病
　に罹っていた中で、"リスク管理作業量対活動量"に無理があった
　こと（簡単に言えば、管理に必要な経営資源の絶対量が足りない
　事態）
②取引相手も含めたリスク管理の高度化に向き合うべきところ、リ
　スク管理手法の見直しや語彙力の引き上げが追いついていないこ
　と

　①については、金融機関の店内検査や内部監査部門監査が典型的なの
ですが、求められる業務処理量と人員などの経営資源が不均衡なため、
必要以上の効率化・省力化を余儀なくされることがあります。理屈や重
要性は分かっていても、作業量をこなし切れないのです。

そうした中で、割愛された検証箇所を第三者が着目・認識し、不正行為などに活用できると睨んで、不適切な事務処理や事件・事故をもたらす事象が実際にみられます。

　リスク管理水準高度化への協力時に、要領や通達さらには議事録などを閲覧すると、業務推進やシステム開発などで、"投資対効果"や"費用対効果"等の言葉を数多く目にします。リスク管理についても同様のはずなのですが、リスクについては管理の重要性のほか、所在や収益（リターン）との関係が大半を占める印象を受けます。誤解を怖れずに言えば、リスク管理を強化するための事務量や業務量の解説は、ほとんど見たことがありません。

　こうした実情が、リスク管理のためには経営資源（相応の作業量）が必要なことが認識されない、もしくは（相対的に）重要視されない事態をもたらす一因と考えます。本来は、管理できない以上の業務展開はできないはずなのですが、「挑戦しないことがリスクだ」等の勇ましい発言は清々しく、それに"待った！"をかけるリスク管理部門が悪役とならざるを得ません。

　特に、経営資源が必ずしも十分でない地域・中小金融機関にあっては、「（本来はやるべきでやりたいが）リスク管理が十分行えないため（あえて）やらない」選択肢も、極めて現実的と考えます。とはいえ、そうしたことも含めて適切に判断するためにも、リスクの所在や分量を洗い出したうえで現実的な管理手法を考察する水準を高めておかなければなりません。

　②については、リスク管理の強化のためにも、取引先を支援するための発想を膨らませる必要があります。卑近な一例として、筆者自身が実務上でよく目にする内容を挙げますが、不動産収益物件への融資実行後の事後管理について、入居率や空室のシミュレーションばかりに注力するだけでは不十分と考えます。それだけではなく、低予算で入居率を引

き上げるための潜在入居者層に向けた具体的訴求策（アイデア）が求められるのです。

　本書で解説した内容は、金融実務に直接的に関わるリスクを中心にしていますが、すでにご理解いただいているとおり、金融取引に伴ってそのほかの多様なリスクを取引相手とやり取りしています。よって、根源的には、取引相手にも金融機関と同じような着眼点でリスクを認識したり管理したりすることが求められるはずなのです。

　誤解を怖れずに言えば、審査管理部門に長く所属している実務者などに、「リスク管理＝決まり切った作業の漏れのない繰返し」と捉える向きも認められますが、とんでもない間違いです。

　本来、審査管理部門の実務者であれば、リスク管理の効果を高めるべく手法を見直し続けると同時に、負担軽減によって生産的な思考・発想の作業に向かわせるよう仕向けるのは当然のことです。リスクは常に移り変わるため、それができない人にリスクが管理できるとは思えません。

　実際のリスク管理の見直しには、金融機関内部のみならず取引相手に協力を要請しなければならない場面が珍しくありません。よって、実務上では、取引相手に必要十分な説明義務を履行するため、リスクへの言及も含めた語彙力を高める必要もあります。筆者は予言者ではありませんが、近未来に諸外国や監督当局などからこれらが具体的に求められるのではないかと予想しています。

　本書は、当初に想定した構成から大幅な見直しを経てようやく上梓に至りました。新型コロナウイルス感染症の感染拡大に伴い在宅勤務などを余儀なくされる中で、両手ほどの編集対応を同時にこなされつつも、徹頭徹尾懇切丁寧かつ著者に寄り添った対応に徹された出版部の湊マネージャーなくして、絶対に刊行には至りませんでした。また、多くの方々に快く取材に応じていただきました。最後になりましたが、心より御礼申し上げます。

【索引】

【参考文献】

◎伊丹敬之・加護野忠男『ゼミナール経営学入門（第3版)』（日本経済
　新聞社）
◎佐々木城夛『金融機関の監査部監査・自店内検査力強化の手引き』（金
　融財政事情研究会）
◎佐々木城夛『これでわかった！　イケイケ銀行営業担当者への変身・
　脱皮法　取引先に行く勇気がわく本』（近代セールス社）
◎佐々木城夛『あなたの店を強くする　全員営業体制の作り方』（近代
　セールス社）
◎渡邊雅之／加来輝正／佐々木城夛『すぐに身につく個人情報の取扱い
　ガイド』（近代セールス社）
◎佐々木城夛『他業態の事例から考える　金融機関のリスク管理』銀行
　法務21　2019/04（経済法令研究会）
◎佐々木城夛『顧客の売り上げや、金庫からの「現金抜き取り」がなぜ
　今でも可能なのか』ダイヤモンド・オンライン　2021/01/29（ダイヤ
　モンド社）
◎佐々木城夛『顧客目線でみた窓口の応対時間』金融財政ビジネス
　2021/10/14（時事通信社）

●著者略歴●

佐々木 城夛（ささき じょうた）

オペレーショナル・デザイナー

1967 年 8 月、東京生まれ。1990 年 3 月、慶應義塾大学法学部法律学科卒。
同年 4 月、信金中央金庫入庫。信用金庫部上席審議役兼コンサルティング室長、北海信用
金庫常勤監事、静岡支店長、西尾信用金庫執行役員・企画部長、地域・中小企業研究所主
席研究員等を経て、2021 年 3 月退職・独立。同年 4 月より沼津信用金庫（非常勤）参与。

金融・保険・流通・医療・美容・ガソリンスタンド・スーパーマーケット・飲食事業者等に対し、
生産性向上とリスク管理強化の両立のための手順書等を作成・提供。
一般誌および専門誌へ社会動向・リスク管理等にかかる分析・解説連載・web 出稿等多数。

単著に『金融機関の監査部監査・自店内検査力強化の手引き―金融機関を守る最後の砦』（金
融財政事情研究会）、『これでわかった！ イケイケ銀行営業担当者への変身・脱皮法―取引
先に行く勇気がわく本』（近代セールス社）、『あなたの店を強くする 全員営業体制のつく
り方』（近代セールス社）など。
共著に『すぐに身につく個人情報の取扱いガイド』（近代セールス社）など。

## いちばんやさしい金融リスク管理

2021 年 11 月 30 日　初版発行

著　者 ——————— 佐々木 城夛
発行者 ——————— 楠 真一郎
発　行 ——————— 株式会社近代セールス社
　　　　　　　　　〒165-0026　東京都中野区新井2-10-11
　　　　　　　　　　　　　　　 ヤシマ1804ビル 4 階
　　　　　　　　　電　話　03-6866-7586
　　　　　　　　　Ｆ Ａ Ｘ　03-6866-7596
装　幀 ——————— 井上 亮
印刷・製本 ——— 株式会社暁印刷

ISBN 978-4-7650-2328-3